中国学前教育研究会教师发展专委会规划教材

高职高专学前教育专业教材

YOU'ER MEISHU SHANGXI YU CHUANGZUO

幼儿美术赏析与创作

第二版

主　编　王亚杰

副主编　吴艳蓉

参　编　崔庆华　邱希华　吴　海　王冬媛

主　审　谢　芳　李建有

高等教育出版社·北京

内容提要

本书以《教师教育课程标准（试行）》和《中小学和幼儿园教师资格考试标准（试行）》为指引，力求突出学前教育专业特色。内容以适用、够用为度，注重学生的创新观念的养成、美术素养及鉴赏能力的提高和实践操作过程的体验。知识由简到繁、循序渐进，紧密结合当前学前教师实际需求。体例编排上科学、实用、新颖，符合学前教育专业学生的学情及学习认知特点。

全书分为绘画作品赏析与创作、工艺美术作品赏析与创作、公共艺术作品赏析和其他美术作品赏析与创作四章，每一章包括基本知识和知识拓展、思考、讨论与实践等内容。全书的内容相辅相成，难易程度适中，在学前教师必备的美术鉴赏知识体系中有着相互支撑的逻辑联系。

本书可作为三年制及五年制高职高专院校、成人教育、中职学校学前教育专业、幼儿发展与健康管理专业、美术专业教材，也可供学前教育工作者和幼儿园教师专题学习和培训时参考。

图书在版编目（ＣＩＰ）数据

幼儿美术赏析与创作 / 王亚杰主编 . -- 2版 . -- 北京 : 高等教育出版社，2020.5（2023.4 重印）
ISBN 978-7-04-054018-5

Ⅰ . ①幼… Ⅱ . ①王… Ⅲ . ①学前教育 - 美术课 - 高等职业教育 - 教材 Ⅳ . ①G613.6

中国版本图书馆CIP数据核字(2020)第060932号

| 策划编辑 | 张庆波 | 责任编辑 | 张庆波 | 封面设计 | 张申申 | 版式设计 | 杜微言 |
| 插图绘制 | 李沛蓉 | 责任校对 | 刘 莉 | 责任印制 | 韩 刚 | | |

出版发行	高等教育出版社	网　　址	http://www.hep.edu.cn
社　　址	北京市西城区德外大街 4 号		http://www.hep.com.cn
邮政编码	100120	网上订购	http://www.hepmall.com.cn
印　　刷	涿州市星河印刷有限公司		http://www.hepmall.com
开　　本	850mm×1168mm　1/16		http://www.hepmall.cn
印　　张	10.25	版　　次	2015 年 7 月第 1 版
字　　数	300 千字		2020 年 5 月第 2 版
购书热线	010-58581118	印　　次	2023 年 4 月第 3 次印刷
咨询电话	400-810-0598	定　　价	40.60 元

前　言

　　美术赏析是与视觉艺术直接相关的审美教育，对提高人们审美素养的作用不容忽视。

　　新时代的美育教育，运用审美形象的感染作用塑造人的知、情、意，并实现人的全面发展；利用审美形象的情感力量感染个体，达到教育的目的，做到以美启真、以美入善、以美化情。

　　美术赏析教育是陶冶幼儿高尚情操、增强幼儿对自然和生活的热爱之情、提高幼儿综合素质的一门重要课程。美术赏析教育关系到幼儿未来对生活的体验、获得感和幸福感，能够渗入幼儿心灵，影响幼儿的成长品质。

　　本书介绍了多个门类的艺术作品，培养学生正确的赏析方法，使学生获得一定量的鉴赏能力，提高学生的审美素养。结合实践教学，开展艺术创作、幼儿美术创作指导，拓宽学生的艺术视野，更为敏锐地捕捉当代艺术发展的规律，为今后学生的学前教育教学提供可持续发展的思维模式。

　　本书旨在培养学生态度、情感、知识、能力等多方面的能力。

　　学生能确立正确的审美观，能正确解读艺术作品的风格特征及内涵，愿意运用赏析方法体验生活的美好，养成正确的审美习惯，并给予学前儿童良好示范。

　　学生能确立科学的审美教育观，能够深刻认识到美术欣赏教育对于学前儿童艺术发展的重要价值，能够科学评析儿童美术作品，能够自主设计幼儿美术赏析与创作课程，具有深厚的学前儿童赏析教育理论素养。

　　此外，丰富的创作资源及创作技法讲解，能够帮助学生独立进行美术创作，启发学生善于运用多种艺术材料、形式和方法，善于发现现代艺术领域与儿童美术创作的关联性，并有效指导儿童创作。

　　本书还帮助学生获得初步开展学前儿童美术赏析教育研究的能力，鼓励学生尝试发现学前儿童美术赏析活动中出现的问题，并具有研究意识，能通过实践—反思—再实践，初步解决问题。

　　本书第一章由安阳幼儿师范高等专科学校崔庆华、南京技师学院邱希华、长沙师范学院王亚杰、吴海编写，第二章由新疆师范高等专科学校吴艳蓉、王亚杰编写，第三章由济南幼儿师范高等专科学校王冬媛编写，第四章由王亚杰编写。全书由王亚杰统稿。

　　希望本书的修订出版，有利于促进我国学前教师美育工作的开展，更希望本书能够得到同仁的指导和建议，以便不断完善。

编者

2020年3月

目　　录

第一章　绘画作品赏析与创作

第一节　中外绘画作品赏析

【学习提示】

绘画是美术常见的表现形式，对于学习者审美能力与素养的提高有着至关重要的作用，是学前教师必备的美术知识与技能，是幼儿认识美术、走进美术天地的必然通道。对绘画作品的赏析则可以更好地促进鉴赏者审美感知、审美判断、审美想象、审美创造能力的发展。

【学习目标】

1. 了解、掌握中西绘画的表现形式、方法与特点。
2. 学习鉴赏中外绘画作品的方法与要求。
3. 学习指导幼儿绘画欣赏与创作的方法。

【观点品读】

1. "以形写神""形神兼备"。
2. "气韵生动，骨法用笔，应物象形，随类赋彩，经营位置，传移模写"。
3. "外师造化，中得心源"。
4. 诗、书、画、印。
5. "文学家是以抽象化了的，即以观念来表现自己。但是画家以素描和色彩把自己感觉和知觉到具体化。"——塞尚

一、中国绘画作品赏析

中国绘画是中国文化的重要组成部分，植根于民族文化土壤之中。中国绘画历经数千年的丰富、变革、发展后形成了独具中国意味的绘画语言体系，在东方乃至世界艺术中都有着重要的地位与影响。因此，鉴赏中国绘画，不仅能够提高对绘画作品的鉴赏能力及个人审美能力，而且对于中国绘画艺术的继承与发展也有着重要的意义。

（一）中国绘画概述

中国绘画可以从广义和狭义两个方面来理解。从广义理解，指从古至今，在中国地域内产生和发展起来的绘画艺术，如中国史前绘画、古代绘画、近代绘画、现代绘画等。从狭义理解，特指中国传统绘画，也称为"中国画""国画""丹青"等，以中国特有的毛笔、墨为主要工具、材料的绘画，也泛指采用中国传统绘画形式、体现传统审美特征的绘画。

中国画造型要求"以形写神"，追求神似，讲究意境的传达；章法、布局灵活，不受时间、空间的限制；重视用笔用墨的情趣，色彩富于装饰性，强调利用线条、墨、色的丰富变化表达作者的个性和审美情感。

中国画的基本技法可以按材料分为水墨、设色两种，或按画法分为工笔、写意两种，随着中国画的发展，形成了更多的表现形式，如表1-1所示。

（二）中国传统绘画赏析

中国传统绘画是相对于中国近、现代绘画而言的，特指"中国画"。在绘画形式上，更注重于传统的继承；在绘画表现上，更注重笔墨的运用；在绘画材料上，以中国画传统的笔、墨、纸、砚为主。

表1-1　中国画的基本技法

水墨设色	工笔	小写意	写意
水墨	白描	水墨小写意	水墨大写意
水墨设色	勾勒设色（又可分为重彩和淡彩）	水墨设色小写意	水墨设色大写意
设色	没骨设色	没骨小写意	设色（没骨）大写意

认识任何事物最好的方法是比较。把中国传统绘画作品与西方传统绘画作品加以比较，就不难发现：西方传统绘画注重追求"形似"，着重事物表征的真实再现，而中国绘画注重追求"神似"，着重表现人们的精神世界。

"神"是中国绘画艺术的灵魂所在，理解了中国艺术的"神"，就理解了中国绘画艺术。所谓"神"即作品所传达的思想感情。因此，把握中国绘画作品所表现的思想感情，是欣赏中国传统绘画作品所应当把握的第一件事。如何把握中国传统绘画的"神韵"呢？在此，我们借用谢赫的"六法论"来品读——"气韵生动，骨法用笔，应物象形，随类赋彩，经营位置，传移摹写"。

从时间上划分，中国传统绘画主要指魏晋南北朝至明清时期的绘画。在这一时段，中国传统绘画共经历了三个历史高峰，也形成了三个表现题材，即人物画、山水画、花鸟画。下面将围绕中国传统绘画的这三个题材来展开赏析。

1. 人物画赏析

人物画就是以人物为描绘对象的绘画作品，是中国绘画发展的第一个高峰。人物画成为中国绘画最主要的绘画种类，有两方面的原因。一是中国早期绘画强调"劝善惩恶"的道德教育功能，即所谓的"成教化，助人伦"，因此人物画成为首选的主题。三国魏诗人曹植曾说："观画者，见三皇五帝莫不仰戴，见三季暴主莫不悲惋，见篡臣贼嗣莫不切齿，见高节妙士莫不忘食，见忠节死难莫不抗首，见放臣斥子莫不叹息，见淫夫妒妇莫不侧目，见令妃顺后莫不嘉贵。是知存乎鉴戒者，图画也。"二是佛教的传入和道教的发展。是为了宣扬道义，创造信徒膜拜对象而发展起来的。最典型的要数敦煌石窟的壁画艺术。

中国传统人物画有工笔和写意两种。工笔人物以线造型，写意人物以笔墨见长。但无论是工笔人物还是写意人物都不强调画面的光影和立体感，而是强调"传神"，用线条或者笔墨表现人的神态。下面欣赏一些经典作品。

《洛神赋图》（顾恺之，东晋）（图1-1-1）

东晋顾恺之（约345—409）的作品，标志着中国人物画的发展进入了成熟期。顾恺之出身名门，自幼多才多艺，有"三绝"之称，即画绝、才绝、痴绝，是典型的士大夫专业画家。顾恺之的代表作是《洛神赋图》。

图1-1-1 《洛神赋图》局部　顾恺之　东晋

　　《洛神赋图》是顾恺之根据曹植的《洛神赋》而绘制的人物长卷，用绘画语言表现了曹植与洛神之间一段凄美的爱情故事，同时也是顾恺之内心苦闷的一种曲折表达。因为曹、顾二人都有不能言说的痛苦：曹植是为爱情失意而苦恼，而顾恺之是为怀才不遇而苦恼。因此，顾恺之便以其丰富的想象力和卓越的艺术才能对文学作品进行了绘画创作，形象生动地将原文的精神实质展现出来。

　　《洛神赋图》的原作已不可考，但现有宋人多个摹本，分别藏于国内外的博物馆。全画可分为7段：初临洛水、洛神初现、神人对晤、离别时机、心灰意冷、驾舟追赶、走马上任。每段之间用树石间隔，但场面有大有小。为了表现文学作品中的意境，顾恺之发挥了丰富的想象。如在第二段洛神初现时，本来只有一个洛神，但在画面上我们却看到在不同的时间和地点，曹植看到了不同姿态的洛神，并在她身畔绘有惊鸿、游龙、荷花、绿水，以此呼应"翩若惊鸿、婉若游龙……远而望之，皎若太阳升朝霞，迫而察之，灼如芙蕖出渌波"，表达出曹植对洛神的向往与爱慕。

　　《洛神赋图》中对人物的描写不再单纯地满足于外表的酷肖和姿态的生动自然，而是特别注重"传神"。画面中，无论是对洛神的神态的描绘，还是对曹植的描绘，可谓是深刻地表现了人物的精神气质和性格特征，使作品有一种深刻的内容张力。画面用线紧劲连绵，运转流畅，富有节奏和韵律，如"春蚕吐丝"，似"春云浮空，流水行也"，充满了浪漫气息。

　　顾恺之在《洛神赋图》中对人物的"传神写照"有着鲜明的时代特点和承上启下的理论价值，开创了古代人物绘画"以形写神"的新篇章，对以后乃至现在的中国人物绘画都有着深刻的影响，在世界上影响也是深远的，比起意大利著名画家达·芬奇提出的"眼睛是心灵的窗户"一语要早1 000多年。

《清明上河图》（张择端，北宋）（图1-1-2）

　　《清明上河图》是北宋画家张择端（生卒不详）的作品，全长525 cm，高25.5 cm，是一幅具有重要历史和艺术价值的风俗画长卷。描绘的是清明节北宋都城汴梁（今河南开封）的城市景观和人们的各种活动，内容丰富，技巧精湛。画中人物超过550人，舟船20余艘，车轿20余乘，店铺屋舍林立，不可枚举，可谓是汴梁社会风俗的大百科全书，是空前绝后的宏伟史诗，对后世有着深远的影响。

　　画作采用全景式构图、散点透视，由东至西将画面分成三个段落：第一段市郊风光，表现了早春时节的特点；中段是以虹桥为中心的汴河两岸的风光，表现了车船运输及手工和商业活动；第三段表现了市区的街景店铺鳞次栉比，车水马龙，热闹繁华。这种构图方式与西方绘画有着明显的区别：如果把画家比作一个导游，把看画的人比作一个游人的话，西方的"导游"是站着不动，他在这个立足点上看到了什么，就给"游人"介绍什么，于是"游人"也就看到什么；而中国的"导游"并非立足

图1-1-2　《清明上河图》局部　张择端　北宋

于某一点不动，而是带着"游人"在画中穿梭、游走，走到哪里，讲到哪里，使观者置身于画中，在画中游。下面我们就一起领略一下东京汴梁的风貌。

表现汴梁，就不得不画汴河。江南丰富的粮食、物资经汴河运抵汴京。在这一段中，一条货船逆流而上，已划到了河心。摇橹的人非常吃力，每排五人，共有两排。河的两边，有几条客船，在河的两岸、酒肆茶房越来越多，其中还有南方的高脚楼。因为还未到开饭时间，所以，两岸的饭店里桌子已经摆好，却空无一人。街道上，牛马、行人，还有扛麻袋的苦役也多了起来。

随着脚步的移动，我们的目光也由远及近，来到了城市的中心繁华地段——虹桥。汴河河道和两岸街市的出现，开始显现出热闹的景象，岸上人烟渐稠，房屋渐密；河上舳舻相接，或空船待返，或重载而行。当画面延伸到东门外的虹桥时，展现了全画的中心和高潮。虹桥飞跨，桥下一条在激流中将要通过桥洞的大船，一下子吸引了所有人的目光。船高货重，船上的桅杆险些顶到了桥拱，船上桥上的人大声疾呼。船上，有的船夫赶快放倒桅杆，有的用力撑篙，有的在舱顶用竿顶住桥洞，还有的从桥上扔下绳索，20多个船夫合力奋战，被这惊险的一幕搞得很紧张。桥上，有的人指指点点，有的人高声呼喊，有的人帮忙指挥。在桥的另一边，还有一条上水船已经驶来，船夫们也在紧张地瞭望，唯恐与前面的大船相撞。

岸边的道路两旁店铺林立，路上人流拥挤，商贩众多。更有意思的是，在桥顶，坐着女眷的小轿和骑着大马的官人迎面而来，双方奴仆在前开道，互不相让。两边看热闹的人群或指指点点，或侧目躲闪。这些富有戏剧性的场面，既表现了交通要道的拥挤，也表现了生活气氛的热烈。

《清明上河图》是风俗画的顶峰，原因有三：

第一，《清明上河图》在构思上独具匠心，巧妙地通过汴梁的命脉——汴河，将社会生活的方方面面既真实又富有诗意地表达了出来，就如同诗歌的起承转合一般，有郊外风光的铺垫，有虹桥部分的高潮起伏，也有进城路上的归于平静。

第二，《清明上河图》在人物表现的"神形兼备"上出现了突破。首先，作品对500多人的描绘，真实地表现了人物的形貌，对各种行业、各种年龄、各种性格、各种姿态、各种活动都作了精确的描绘，人物高不过寸，但须眉毕现，栩栩如生。其次，作品描绘了人物的思想情感，或紧张、或闲适、或冷漠、或焦虑……

第三，《清明上河图》在艺术的真实性上也取得了突破。它对当时社会方方面面的真实表现，对于当时和现在，都具有重要的价值，是北宋社会的政治、经济、文化的百科全书，是中国古代现实主义的杰作。

《泼墨仙人图》（梁楷，南宋）（图1-1-3）

梁楷，南宋人，个性豪放不羁，擅画人物和山水，其创作的减笔人物画在中国艺术史上有突出的地位。梁楷的人物画常取材于禅宗著名和尚的轶事。梁楷的代表作有《李白行吟图》以及泼墨大写意《泼墨仙人图》。

《泼墨仙人图》中表现的人物如醉仙恍惚潇洒，飘逸自在，超凡脱俗，形象夸张大胆，笔墨奇特放纵，从着重于对象形象的描绘转向偏向主观抒发的写意。作品放弃了以线造型的方式，用饱含水墨的阔笔侧锋渲刷，大面积的水墨自然分出浓淡，含蓄地显示出衣纹的形态。画面墨气袭人，令人回味无穷，这种大写意的绘画形式，即使到了明、清时期的大写意时代，也鲜有作品能与之媲美。

在引导幼儿欣赏中国传统人物画时，因为画中的人和物与我们当下的生活相距太远，所以我们可以采用比较法来引导幼儿欣赏。

图1-1-3　《泼墨仙人图》　梁楷　南宋

首先，可以让幼儿尝试用笔墨在宣纸上勾画涂抹来了解和认识中国画的基本工具和材料，以及它们与其他绘画工具材料的不同。然后，让幼儿仔细观察作品中人物的服饰、背景与现代人的不同。接着，可以让幼儿模仿画中人物的动作与神态，请他们猜测画中人物在做什么、想什么等。最后，可以请幼儿学习古人的画法来进行古代人物的创作，注意要表现出古代人与现在人的不同。可根据幼儿的年龄和能力选择不同的绘画工具与材料进行创作。

2. 山水画赏析

山水画是中国绘画的一个艺术种类，是以山水自然风光为主题的中国画，形成于魏、晋时期，成熟于北宋，至元朝达到了顶峰。继人物画衰败之后，山水画成为中国绘画的第二个发展高峰，成为中国画的重要画科。按照传统中国山水画的画法，可分为青绿山水、金碧山水、水墨山水、浅绛山水、小青绿山水、没骨山水等。

中国山水画师法自然，但又不完全拘泥于自然景象，强调"外师造化，中得心源"是对山水的一种意象表达。"以意立象"，所谓"意"，有两层含义：一是指事物内在的规律；二是画家的主观感受和情思。所谓"象"，亦有两层含义，一是客观之"象"，即山水的自然之"形"；二是主观之"象"，是画家眼中的山水和心中的山水。所以，由自然之"形"到主观之"象"必然有主观加工和改造的过程。

在欣赏中国山水画时，不能仅仅停留在作品对自然景物的认识与描绘上，还要将之与画家的情思结合在一起，体味其中的意蕴。下面欣赏几幅宋、元时期的作品。

《游春图》（展子虔，隋）（图1-1-4）

《游春图》是隋代展子虔（500—604）的代表作，为青绿山水。所谓青绿山水，是以石青、石绿为主色的中国山水画，其表现手法是先施墨勾线，后填色赋彩，色彩浓重，艳丽光彩，具有很强的装饰性，很符合当时宫廷的欣赏趣味。

《游春图》是现存卷轴山水画中最古老的一幅。作品描绘了许多士人纵情山水的玩乐情景。画面中阳光和煦，花树繁密，碧波荡漾，轻舟漫游。游乐的人们，或策马，或泛舟，十分地闲适、惬意。从画面中可以看出，作者触景生情，有意追求一种情景交融的艺术效果。另外，作品在对空间的处理上也有突破，有"远近山川、咫尺千里"之感。在色彩上，青绿为主，配以泥金，显得金碧富丽，对于树木、山石的描绘简约、古朴。在意境的表达上，借物象的层次表达出一种深远的意境，较之前人有了很大的进步。

图1-1-4 《游春图》 展子虔　隋

《鹊华秋色图》（赵孟頫，元）（图1-1-5）

赵孟頫（1254—1322），字子昂，号松雪道人、鸥波、水晶宫道人等，是赵匡胤十一世孙，在书画方面有着极高的成就，是中国文人画发展过程中的关键人物。他提倡"作画贵有古意"，绘画代表作有《鹊华秋色图》《水村图》《秀石疏林图》等。

图1-1-5 《鹊华秋色图》 赵孟頫 元

《鹊华秋色图》用小青绿间浅绛法写山东济南的鹊山和华不注山。右边的华不注山，自平地拔起，峻峭有余，用荷叶皴，设石绿，与鹊山遥相呼应。左边的鹊山，则峦头圆厚，主要用了披麻皴和解索皴，设青色，凝重深远。两山间水村、山林相连，意境恬适，在用笔上追求五代时期的清雅古朴之风。

此画初看甚是平淡、干淡之笔，简率的墨色，似乎是追求一种清润、秀美和朴拙的格调，表现一种淡泊与平淡的意趣，极富笔墨趣味。明董其昌评此画说："兼右丞、北苑二家画法"。元人赞誉此画是"一洗工气""风尚古俊，脱去凡近"。

"元四家"及其作品

元代的统治者"只识弯弓射大雕"，武功有余而文治不足。当时的汉族，特别是儒士的社会地位是十分低下的。按当时社会层级的划分—— 一僧、二道、三官、四吏、五农、六工、七医、八商、九儒、十丐。儒士是第九等，只比乞丐稍强。很多儒士就隐居山林，结庐避世，对世事淡漠，寄情于山水，因而推动了中国山水画的发展。当时的"元四家"——倪瓒、黄公望、吴镇、王蒙，是山水画发展巅峰时期的艺术家。"元四家"有共同的政治态度和艺术风格：在政治上，无意仕途，孤高倨傲，隐居山林；在思想上，主张清静无为；在艺术上，都主张借物寄情，弱化形似，而强调意境和神韵。

"元四家"中，成就最高的是倪瓒（1301—1374），代表作品有《松林亭子图》（1354）、《渔庄秋霁图》（1355）、《怪石丛篁图》（1360）、《汀树遥岑图》（1363）、《江上秋色图》（1368）、《虞山林壑图》（1371）等。

《渔庄秋霁图》（图1-1-6），一河两岸形式构图，分为近、中、远三层空间。近处土坡上的六株树象征着六君子。树干挺拔，枝叶疏秀。中间浩渺的河水，平静无波，象征着作者的心绪。远处是淡淡的

图1-1-6 《渔庄秋霁图》 倪瓒 元

山影，象征着作者隐世的态度。整幅作品笔墨清润，浓淡交迭，画境空明，以少胜多，惜墨如金，达到了极简约而极丰富的境地，给人以秋高气爽、山明水静之感。

　　黄公望（1269—1354）无论是在构图、造型，还是在笔墨上，从不因循守旧，囿于一个既定的范式之中。《富春山居图》（图1-1-7）是黄公望的代表作。此画为长卷，达2 m之多，表现了富春山一带（今浙江杭州以南富阳桐庐一带）的山水。画面在用墨方面，浓淡相宜，极富变化，山水形态与布局疏密得当。此图山水画技法全面，雄秀并举，穷极变化，终归于平淡，充分体现了作者的匠心和技艺。作品看似对于富春山景色的描绘，实则是作者对心中世外桃源的描绘。《富春山居图》因一次事故被损为两段，前段称《剩山图》，现藏浙江省博物馆；后段较长称《无用师卷》，现藏台北故宫博物院。

图1-1-7　《富春山居图》　黄公望　元

　　《渔父图》是吴镇的代表作之一。这幅作品描绘的是渔民生活，在构图上一改奇险之势，而取湿润平实，缔造出一派平远之境。画面当中对于近、中、远三层空间的描绘和安排，勾画出了一个与世无争的精神乐园，而这也正映照了作者超然的思想境界。

　　《青卞隐居图》是王蒙的代表作之一。作品先以淡墨勾皴，而后施浓墨，先用湿笔而后用焦墨，层次分明。山石树木都有润湿之感。山头打点，变化尤多，有浑点、破竹点、胡椒点、破墨点，表现出山上树木茂密苍郁。全图不多渲染，其深远之处，有条不紊，充分呈现出空间的深度。

　　欣赏山水画时，可以采用体验法来引导幼儿感受大自然的造化之美与作品韵致之间的关联。即在欣赏名作之前先为幼儿提供一些与作品内容相关的风景影像资料，创设出山水欣赏的情境，然后再出示名家的山水作品。在欣赏的同时教师还可以结合一些古乐和诗词来渲染气氛。如通过提问"画家是怎样画重叠的峰峦、树木、山石的？"来引导幼儿观察和感受画面的深远；通过提问："你能猜出这一大片的空白（构图上的留白）是什么吗？"引导幼儿感受画面中的平远。在欣赏之后，也可以让幼儿尝试用笔墨在宣纸上自由涂抹，感受中国画笔墨的魅力。

3. 花鸟画赏析

花鸟画是中国传统绘画发展的第三个高峰。花鸟画是以描绘花卉、竹石、鸟兽、鱼虫为题材的中国画。按照其画法和风格，可分为工笔、写意、兼工带写三种。我国的花鸟画起源于魏晋南北朝时期，成熟于五代，到宋代出现了工笔花鸟的高峰，而至明代又出现了写意花鸟的高峰，至此一直到清代都有所发展。

《芙蓉锦鸡图》（赵佶，北宋）（图 1-1-8）

宋徽宗赵佶（1082—1135），虽是一个昏庸的皇帝，但却是个杰出的艺术家。相传，《芙蓉锦鸡图》并非赵佶亲手所绘，可能是他培植的宫廷画院中的高手代笔，署赵佶之名。赵佶本人对于艺术的贡献也是很大的：第一，他酷爱书画艺术，他设立翰林书画院，培养了一大批著名的画家。由于他的大力提倡，宋代的花鸟画得以空前发展。第二，他本人的绘画造诣也很高，画风工整妍丽，精密奇巧。第三，他开创了诗书画一体的形式，其创造的瘦金体细劲秀挺。

《芙蓉锦鸡图》用"折枝"式构图方式强调花和鸟，使原本体量较小的花鸟显得非常突出，具有强烈的个人情感色彩。锦鸡形态灵活、自然，身体仿佛在随着花枝摇曳，眼睛盯着双蝶，似乎随时飞跃。锦鸡设色鲜艳，富有立体感，且被压弯了的花枝也衬托出锦鸡的重量感。

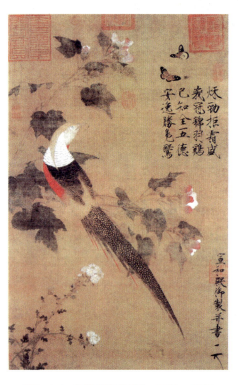

图 1-1-8　《芙蓉锦鸡图》　赵佶　北宋　　　　　图 1-1-9　《墨葡萄》　徐渭　明

《墨葡萄》（徐渭，明）（图 1-1-9）

《墨葡萄》是明代徐渭（1521—1593）的名作。徐渭是一个艺术奇人，开创了写意花鸟的奇迹，称得上是中国写意花鸟的第一人。《墨葡萄》是徐渭花鸟画中最著名的一幅。画面中，一枝墨葡萄倒挂，枝叶错落横斜，墨色淋漓，特别是那一串串果实晶莹欲滴，以大块的水墨点成，信笔挥洒，任乎性情，意趣横生，风格疏放，作画不拘形似，仅略得其意，与画上的题诗"半生落魄已成翁，独立书斋啸晚风。笔底明珠无处卖，闲抛闲掷野藤中"一同构成了动人的气势。诗的前两句是画家说自己落魄半生，一事无成，后两句则是将葡萄比喻成"明珠"，暗喻自己的学识与才华。只可叹，"明珠"暗投，无人赏识，被当做无用之物"闲抛闲掷"，这也正是徐渭内心怀才不遇的愁闷。这首诗可以说是徐渭在诗歌方面的代表作，这幅画是徐渭在绘画方面的代表作，画与诗同样都是徐渭对自己的写照。所以，在欣赏这幅作品时，一定要诗画同赏，方能体会画家的情思，领略图画的精妙。

《鱼石图》（朱耷，明末清初）（图1-1-10）

《鱼石图》是朱耷（1626—1705）艺术成熟期的作品。在欣赏朱耷的作品之前，先要对朱耷有一个基本的认识。朱耷是一个患有精神病的艺术家。他之所以患病与他的身世和生平有着很大的关系。朱耷本是明末的一个皇亲贵胄，明朝灭亡后为保身而入佛门。长期处于国恨家仇的苦闷中，朱耷的精神状态时好时坏，就像精神失常的凡高一样，将自己的一腔激情倾注在作品之中。但朱耷的作品，往往让人感觉扑面而来的冷漠、孤独和痛苦，激情被包裹在了冷漠与痛苦之中。朱耷一生作品很多，无论他所画的鸟、石或鱼表现的都是自己的情感。在《鱼石图》中，所画的石头上大下小，给人以不安全、不稳定的感觉，暗示着自己所处的险恶的环境，画面中的鱼儿白眼望天，表现出了一种蔑视的情绪和态度，而这种蔑视也正是朱耷对当时的世道的一种态度。

图1-1-10　《鱼石图》　朱耷
明末清初

《衙斋听竹图》（郑板桥　清）（图1-1-11）

《衙斋听竹图》是清代画家郑板桥的作品。郑板桥（1693—1765），原名郑燮，是"扬州八怪"中最具代表性的画家，擅画竹。梅、兰、竹、菊是文人画家的常用题材，象征着文人的高洁。而郑板桥笔下的竹子除了"瘦劲孤高，枝枝傲雪，节节干霄"，更蕴涵了丰富的情感，体现了浓浓的人情味，最有代表性的就是《衙斋听竹图》。画面上两株墨竹，身姿清瘦，前面一株墨色较浓，后面一株较淡，极富层次感。笔法瘦劲挺拔，用墨干而淡，画面显得清新、淡雅而骨力内含。画面的右下角题有一首诗："衙斋卧听萧萧竹，疑是民间疾苦声。些小吾曹州县吏，一枝一叶总关情。"这首诗的意思是说，自己在衙斋里听到风吹动竹叶发出的萧萧声，就像是百姓的呻吟声。虽然自己只不过是一个小小的县官，也应该关心百姓的疾苦。

在引导幼儿欣赏花鸟画时，可以先为幼儿创设一定的情境，如播放大自然的声音（溪流声、风声、鸟鸣、虫叫等），再辅以大自然的景观影像，结合名家名作，鼓励幼儿对比和发现自然美和艺术美的异同，最后用浅显的语言总结花鸟画的特点，也可以让孩子用肢体语言来模仿作品中的形象。在欣赏过后，还可以让幼儿依照古人的画法来创作一些花鸟形象，但不必拘泥于中国画。由于孩子的年龄和能力所限，可以让孩子用熟悉和喜欢的工具材料进行创作。

图1-1-11　《衙斋听竹图》
郑板桥　清

（三）近、现代绘画作品鉴赏

五四运动以来，新思潮的传入给中国文化艺术发展带来了巨大的影响，中国绘画在表现形式、方法与题材上不再拘泥于传统，在中西方文化的交融与冲突中得以发展。下面将欣赏一些名家名作。

《虾图》（齐白石，1864—1957）（图1-1-12）

《虾图》是齐白石晚年的一幅作品。齐白石主张艺术"妙在似与不似之间，太似为媚俗，不似为欺世"，形成了独特的中国画大写意风格，开创了浓烈、豪放的红花墨叶一派，把中国花鸟画推到了一个新的高峰，尤擅画虾。齐白石平生画虾无数，并对画虾做了多次变法，《虾图》是他在88岁时所画，此时他对虾的改造已经完成，所画虾的后腿由原来的六对变为五对，突出了虾头与虾身。虾头在淡墨之上点上一点重墨，不但加重了虾头的重量和坚硬感，而且更衬出了虾身的透明感。虾眼因为虾头墨色变重而改为横笔，据齐白石说，虾在水中游动时，两眼会外横，而画家这一点眼之笔更增添了虾的灵动。欣赏到这里，可能有人会说，以往的大家所画的画里都蕴涵了思想、情感，是有深层含义的，那齐白石画几只小虾，虽然活泼可爱，但有什么思想？有什么情感？有什么意义呢？让我们用齐白石的一段话来理解他画里的情思："正是由于我爱我的家乡，爱我的祖国美丽富饶的山河土地，爱大地上的一切活生生的生命，因而花费了我毕生的精力，把一个精通中国人的感情画在画儿里，写在诗里。"

图1-1-12 《虾图》 齐白石

图1-1-13 《奔马图》 徐悲鸿

《奔马图》（徐悲鸿，1895—1953）（图1-1-13）

徐悲鸿，江苏宜兴人，自幼喜爱绘画，既有中国传统绘画的造诣，又有很深厚的写实功力。在绘画创作上，反对形式主义，坚持写实作风，主张"古法之佳者守之，垂绝者继之，不佳者改之，未足者增之，西方绘画可采入者融之。"继承我国绘画优秀传统，吸取西画之长，创造自己的独特风格。长于国画、油画，尤擅素描。

《奔马图》创作于1953年，用写意水墨的形式来表现具有严谨的解剖结构的奔马。笔墨具有相当深厚的功力，将马蓬勃的生命力表现得淋漓尽致。他所画的奔马既继承了中国传统文人画托物寄情的传统，又结合了西方绘画中的结构和光影的表达手段，这在中国传统鞍马画中是不曾有过的。此图表达了徐悲鸿热爱祖国、同情人民、追求民主的思想和情感。

《白纱仕女图》（林风眠，1900—1991）（图1-1-14）

《白纱仕女图》描绘了一个细眉凤眼的古代仕女坐像，人物的白色纱衣和身后白色"美人肩"花瓶以及花朵的白色花蕊相呼应，在墨色渲染的黑色背景映衬下，更加突出。特别是人物袖口白纱的刻画，极为精妙，有一种透明之感。画中的仕女气质高雅，既是古典美，又具现代美，在她身上几乎可以找到林风眠女儿林蒂娜的影子，甚至就是其直接写照。这幅画不仅是林风眠对亲人的思念之情的外化和折射，而且也寄托着画家的心绪、理想和审美追求，也有着曲折的现实寄寓。整个画面透射出一种沉郁的优雅。

林风眠原名林凤鸣，广东梅县人。他是享誉世界的绘画大师，是"中西融合"最早的倡导者和最主要的代表人物，是中国美术教育的开辟者和先驱。林风眠绘画作品的艺术价值有二：一是它的精神内涵，二是它的形式创造和语言运用。由于林风眠对东西方艺术都有深入了解，并做了持久的融会探索，所以，他的作品会为我们带来耳目一新的感觉。

图1-1-14　《白纱仕女图》　林风眠

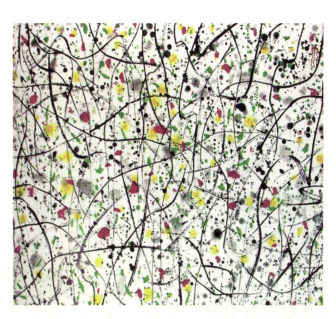

图1-1-15　《春如线，理还乱》　吴冠中

《春如线，理还乱》（吴冠中，1919—2010）（图1-1-15）

《春如线，理还乱》属于彩墨画，是我国著名画家吴冠中的作品。画幅中灵动游走的彩线及彩线后影影绰绰的墨块似可分别视为西方艺术传统和中国艺术传统的表象化象征，平淡与浓艳兼备。前者似后现代主义绘画般高度抽象而凝练，后者则如春雨江南般湿润而生动，而充满其间、变动不居的色点墨点则似乎隐喻着吴冠中本人在两种艺术体系和传统中所坚持的艺术自觉和实践。

吴冠中深化了自己对于复兴中国艺术和吸收西方艺术的认识，即所谓"风筝不断线"的艺术主张，并在创作实践上力行"横站"以兼取并浑融现代性和中国性的艺术道路。《春如线，理还乱》即可视为此种艺术宣言和艺术探索的标志性作品。

吴冠中终生致力于油画民族化及中国画现代化之探索，坚韧不拔地实践着"油画民族化""中国画现代化"的创作理念，形成了鲜明的艺术特色；他执著地守望着"在祖国、在故乡、在家园、在自己心底"的真切情感，表达了民族和大众的审美需求，他的作品具有很高的文化品格。

《跳格格》（梁培龙）（图1-1-16）

梁培龙，中国儿童题材画十大家之一，他用有魔法的画笔为孩子们营造出美好的童年梦境。为表达

图1-1-16　《跳格格》　梁培龙

自己对儿童精神世界率真的感受，在用墨和用色方面，力求单纯，引用流动的水分使画面滋润而富于生机。把儿童无邪的稚气、友爱、幻想与大自然的和谐——用他那支神来之笔流露无遗。观赏他的画，应从水墨画的创作和如何形成个人面貌的感受入手。

作品《跳格格》采用淡墨淡彩，笔触轻柔并重，水汽淋漓。所画线条滞留，这种"拙如画沙"的线条对于流动的水分产生了"镇定"的作用，而与"撞水法"所漫出的不规则的边线，以及"破墨法"造成的不规则的笔迹形成了呼应，因而达到绘画风格上的和谐统一，童趣意境内涵深，又带着文人的儒雅。作品仿佛将我们带回到儿时无忧无虑的嬉戏中。

《沂蒙小调·等姥姥》（孔维克）（图1-1-17）

当代画家孔维克创作的《沂蒙小调·等姥姥》是一幅典型的现当代中国画作品，追求平面化的构成与画面语言的符号化。构图从中国书法与西方平面构成规律中获得启示，注意画面大的形式归纳，形成一种强烈的视觉冲击力。背景大胆借用了荷兰抽象画家蒙德里安的纯几何的抽象形式，从大小错落的色块和矩形的组合中寻求力的平衡，以各种符号式的点、线穿插于画面中，起到了分割和点缀的作用。而在画面语言的运用上，又借用了中国传统的印染语言和纹样。在融合中寻求现代观念与传统意识的传承，在内容与表现形式上进行了成功的尝试。

图1-1-17 《沂蒙小调·等姥姥》 孔维克

图1-1-18 《有云的田野之一》 孔紫

《有云的田野之一》（孔紫）（图1-1-18）

《有云的田野之一》是军旅画家孔紫的作品。从画面中我们可以明确地读出她立意创新、追求纯粹的平面风格的艺术语言。画面中所有的物象都被艺术地平面化处理，突出形块与形块之间的对立统一。大小变化的形块一破一立，相互穿插，横竖、方圆、曲直的对比使画面时刻保持着强烈的视觉冲击力。画面上妇女、儿童形体上的夸张、变形，色彩上的深浅对比，用笔上的线面结合等形式因素，在一破一立间还带给观者些许柔和的视觉效果。这种画面的和谐把握，独树一帜，尤为动人。

中国现当代画家在研究和继承美学思想的基础上，开辟着中国画发展的新途径。与古代不同的是，他们以开放的眼光看待艺术，凡是优秀的艺术成果都予以接受。因此，指导幼儿欣赏现当代中国画作品时，一是注意引导幼儿关注作品与时代和生活的联系；二是将现当代中国画作品与传统中国画作品做比较，寻求二者的异同；三是注意从其他传统艺术形式中挖掘共通点；四是将作品与西方绘画的技艺做对比、鉴别，从而发现当代丰富、多元的表现语言。

二、西方绘画作品赏析

西方绘画在世界艺术史上有着重要的地位，从远古的洞窟壁画到现代绘画，出现了千姿百态的风格样式、浩如烟海的经典作品和一批又一批名垂青史的艺术大师，为人类文化宝库增添了瑰丽的光彩。

西方绘画在形式语言上有多种表现手法。如写实性绘画注重画面的明暗关系、透视原理、解剖结构和色彩关系，力求把自然物象真实地描绘出来，再现物象的"真实性"。西方现代绘画则重点表现点、线、面、色彩，以及它们所表现出来的夸张、变形、荒诞的形象，反映了画家内心的情绪及对外部世界的态度。

西方绘画在题材内容上有不同的种类，可分为肖像画、风俗画、历史画、风景画、静物画等。风俗画表现浓郁的生活美感和朴实的民情意味；风景画中寄寓画家在自然风光中的情感；历史画则暗喻着现实意义及时代精神；肖像画体现人物内在的精神气质和思想品格。

在这里我们主要欣赏西方近代绘画和西方现代绘画中的一些有代表性的名画，通过对这些美术作品的欣赏，开阔艺术视野，丰富美术知识，提高艺术素养。

（一）西方近代绘画的赏析

1. 西方近代绘画概述

西方近代绘画主要指文艺复兴时期到19世纪的绘画作品。文艺复兴是西方近代史上一场伟大的精神革命，它对西方绘画艺术乃至整个美术领域，都产生了巨大影响。在绘画上，以活泼、健康、旺盛的人文精神，冲击着刻板、冷漠而沉郁的宗教灵魂，以鲜明的人性形象取代了刻板的宗教形象，同时将透视学、解剖学知识融进绘画技术，使绘画中的写实性因素具有科学的严谨性和准确性，为形成写实主义传统创造了良好的条件。

17—18世纪，人们以新的人生观和科学手段探索自然的奥秘，艺术呈现出不同于文艺复兴时期古典艺术的多元化局面。巴洛克、洛可可、古典主义、写实主义等各种风格相互交织，并行发展，各领风骚。

进入19世纪，西方绘画踏上了现代艺术之路，达到西方美术的高峰时期。这一时期绘画流派此起彼伏，法国成为西方文化艺术的中心和西方近代美术主要流派的发源地，其中最重要的绘画流派有新古典主义、浪漫主义、现实主义、印象主义和后印象主义。此外，英国风景画由水彩画开始发展为油画，出现了影响欧洲大陆的风景画大师。在俄国，随着农民解放运动的高涨和批判现实主义文学的繁荣，绘画也得到了蓬勃的发展，艺术家们批判地反映俄国的社会现实，传播民主思想，诞生了大批著名的艺术家以及世界名作。

2. 西方近代名画的赏析

《蒙娜丽莎》 意大利　达·芬奇 （图1-1-19）

达·芬奇是文艺复兴时期三杰之一。这幅作品塑造了资本主义上升时期一位富有生命活力的青年女性。画中24岁的蒙娜丽莎刚刚丧子，十分悲伤。达·芬奇为了让她面露微笑，特地请来乐师为她演奏美妙的音乐，当她听得入迷之时，露出了一丝微笑，但眼神仍然带着怅惘、忧伤。背景山水幽深茫茫，柔和的光线笼罩着整个画面，蒙娜丽莎的形象与美丽的自然风光融合在一起，显得那样的端庄、优雅。蒙娜丽莎的微笑具有一种神秘莫测的千古奇韵。《蒙娜丽莎》的艺术价值不仅体现在画面形象完美无瑕的写实上，更重要的是它表达了画家对人的歌颂和赞美，它宣告了宗教神权的覆灭和新世纪的到来。

图1-1-19 《蒙娜丽莎》意大利　达·芬奇

《泉》（法国　安格尔）（图1-1-20）

安格尔以准确娴熟的写实技巧和典雅的画风著称。《泉》表现一个正在倒水的豆蔻年华的少女，岩石、野花、陶罐和流水把画面布置得很有生气，暗绿色的背景衬托出少女轻盈有活力的躯体。右手臂高高抬起，使少女的身体呈现曲线美，她脚下清亮的泉水，映出美丽的身影，从水罐里流出来的直线形水柱相形见绌，使这位恬静的少女比那股流出来的水柱更加具有活力。安格尔严格遵守比例、对称的原则，寻求以线条、形体、色调相和谐的女性美的表现力，用精细的造型手段表现一种抽象的古典美，把心中长期积聚的抽象的古典美与具体的写实少女的美结合起来，出色地表现了少女天真的青春活力。

《自由引导人民》（法国　德拉克洛瓦）（图1-1-21）

德拉克洛瓦具有"浪漫主义狮子"之称，他的想象力非常丰富而且才思敏捷，并具有一种常人少有的敏感。他的画善于表现动荡活跃的场面，色彩鲜明、豪迈奔放。《自由引导人民》是直接反映法国"七月革命"的不朽画作。画家大胆地将浪漫主义艺术常用的象征手法和现实场景很好地结合在一起。以象征手法在画面的视觉中心塑造了一位丰硕半裸的女性形象，她一手握枪，一手高举三色旗。她是自由的象征，正在勇敢地领导人民去夺取最后的胜利。在她身旁和后面是革命的主要力量——无数奋勇战斗的巴黎工人、知识分子和市民，他们在硝烟弥漫的战场上勇往直前。画中奔放有力的笔触、绚烂的色彩，及其所表现出的高昂的战斗激情，犹如一支音调昂扬、节奏快速有力的战斗进行曲。

图1-1-20 《泉》 法国　安格尔

图1-1-21 《自由引导人民》 法国　德拉克洛瓦

《石工》（法国　库尔贝）（图1-1-22）

库尔贝是19世纪法国最突出的现实主义画家。他将日常生活上升到了历史画的高度，并带有一种显得粗暴的现实主义，不管是裸体画还是风景画，他都带着大胆与热情，用浓重的色彩画出，可以看出他在卢浮宫研习绘画大师们的作品而积累起来的深厚功力。《石工》是他的一件最为有力地揭露社会现实的作品。这幅画直接取材于他亲眼所见的劳动场面，画面上两个石工形象，是他从工地上请到画室里的真实人物，从他们的破旧衣服、弯曲的身体、吃力的动作以及真实的环境，表现出劳动的艰辛与生活的困苦。

图1-1-22　《石工》　法国　库尔贝

《拾穗者》（法国　米勒）（图1-1-23）

米勒出生于诺曼底地区的一个农民家庭，素有"农民画家"之称。他以深厚的生活基础，用坚实凝练的画笔描绘农妇朴实、勤劳的品格，充满一种宁静的生活意趣。《拾穗者》可谓现实主义绘画的杰作。这幅画没有复杂的情节，只是描绘了几个农妇正在收割过的麦田里弯腰拾起遗落的麦穗。画面上那穿着简朴粗陋的农妇，在空旷平坦的麦田里为了拣拾麦穗不堪劳累的景象，看了令人心酸和同情。画面通过刻画劳动的美，表现出一种纯朴、自然的情感。

图1-1-23　《拾穗者》　法国　米勒

《伏尔加河上的纤夫》（俄国　列宾）（图1-1-24）

　　列宾是19世纪俄国最著名的画家，"巡回画派"杰出的代表人物。这幅画是俄国批判现实主义绘画的杰出作品。画面采用了画幅较宽的横构图，通过对俄国最重要的河流——伏尔加河上11个不同社会身份、不同年龄和不同性格特征的纤夫的深入刻画，引导人们去思考俄国的现实和未来。领头的老者饱经沧桑，在睿智的目光中流露出刚毅和坚韧，两只手握拢，双目直视，显示出倔强的抗争精神，其后衣衫褴褛的少年，昂头用手抻着肩头的纤索，好像要努力挣脱这重重的负担。人物的高低错落，使画面具有一种有力的节奏。辽阔壮丽的伏尔加河与衣衫褴褛但又显示出雄厚力量的纤夫们形成鲜明的对比，激起人们对当时俄国命运的深深思索。

图1-1-24 《伏尔加河上的纤夫》 俄国　列宾

《孟特枫丹的回忆》（法国　柯罗）（图1-1-25）

　　柯罗崇拜大自然，作画忠实于自然，从不夸张自然的颜色，决不过分渲染画面。《孟特枫丹的回忆》是柯罗最成熟和最具风格的代表作。这幅风景画描绘了乡村的湖边，一个晨雾初散的时刻，清新的晨风交融着湖面散发的水汽，朦胧一片，温润的花草和林木的枝叶吐露着芳香，被风吹斜的古树覆

图1-1-25 《孟特枫丹的回忆》 法国　柯罗

盖画面大部分空间。另一棵枯树曲折向上升华与之呼应，使画面十分平衡和谐，树木枝条的顺势造成一种流动感，从中可以领略到自然的生机。在景色中，一位身着红裙的女子正仰首摘取小树上的野果。树下有两个孩子，女孩低头采撷草地上的野花，男孩手指树上的果子。这幅画色调轻柔，在景物虚实中层次丰富，如梦如幻。

《日出·印象》法国　莫奈　（图1-1-26）

莫奈被认为是印象主义领袖。莫奈的画始终统一在特有的灿烂、艳丽，却又像乐曲般和谐的色彩之中。莫奈很重视笔触，认为不同的笔触能表现出事物不同的质感和动势，因此，他巧妙地运用不同的笔触充分表现色彩，以符合自然的本来面貌。

《日出·印象》最能体现印象主义绘画特征。画面描绘的是晨雾笼罩中日出时的港口景象。太阳透过晨雾慢慢地升起来，黑色的小舟漂浮在水面上，薄雾成为粉红色，水面泛着绿色与紫色的光，海水、天空、景物在轻松的笔调中，交错渗透，浑然一体。近海中有三只小船，在薄雾中渐渐变得模糊不清，远处的建筑、港口、吊车、船舶等也都在薄雾中朦胧隐现。这个世界是真实的，又是幻觉的，它每时每刻随着太阳光而变化着。画家运用神奇的画笔将这瞬间的印象永驻在画布上，使它成为永恒。

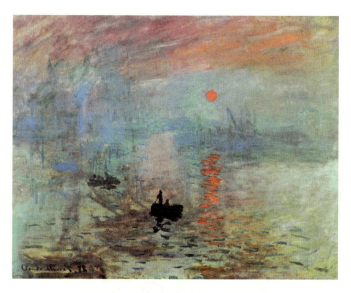

图1-1-26　《日出·印象》法国　莫奈

图1-1-27　《舞蹈课》法国　德加

《舞蹈课》法国　德加　（图1-1-27）

德加的画面重视线的运用，在描写歌手、芭蕾舞演员、洗衣妇的画面上，表现出善于捕捉生活，清晰明确，富有韵律感的笔触。这幅画就是描绘排练厅上课的情景。德加作画，以写生和记忆相结合。他笔下的人物及千姿百态的动作，毫无做作，具有真正的自然主义风格。只有对生活细致入微的观察才能达到如此自然和生动。《舞蹈课》中所呈现出的正是这种风格特征。

《大碗岛的星期日下午》（法国　修拉）（图1-1-28）

修拉是新印象派的创始人。修拉的点彩实验，预示着20世纪的几何性抽象艺术的出现。这幅画预示了塞尚的艺术以及后来的立体主义、抽象主义和超现实主义的问世，使他成为现代艺术的先驱者之一。画面描绘了盛夏烈日下近40个人在大碗岛游玩的情景，有的散步，有的卧在草地上，有的在河边垂钓娱乐。草地为黄绿色，阳光透过树林，投射在草地上的阴影，被强调得很分明。白色的服装、伞和黄色的草地，相互影响，装饰味很强。人物只有体积感而无个性和生命感，彼此之间具有神秘莫测被隔绝的特点。整个画面在色彩的量感中取得了均衡与统一。

图1-1-28 《大碗岛的星期日下午》 法国 修拉

《水果盘、杯子和苹果》（法国 塞尚）（图1-1-29）

塞尚被人们尊奉为"现代绘画之父"。画面中，水果盘、杯子和苹果等物品被简化，并被深色线条勾出轮廓，这些物品清楚而又结实地展现在我们眼前。塞尚还有意强化画面的布局，水平的桌面被处理得有些前倾，桌上的物品得到充分的展示。既强化了物象的实在性，又加强了平面上构成的意味。同时，画面中两道交叉的对角线构成了画面稳固的框架。画面中的整体关系，如一张网络，所有物象在网络上各得其所。任何细节和局部都不可随意挪动，否则，整个结构便会失去平衡。

图1-1-29 《水果盘、杯子和苹果》 法国 塞尚

图1-1-30 《向日葵》 荷兰 凡·高

《向日葵》（荷兰 凡·高）（图1-1-30）

凡·高在阿尔深深地为璀璨的阳光而激动。他疯狂地爱上了遍地生长的金色向日葵。他完成了六幅向日葵静物画，在这些画中，以饱满而纯净的黄色调，展示了画家内心中似乎永远沸腾着的热情与活力。那一团团如火焰般的向日葵，不仅展现着秋天的成熟，而且更狂放地表现出画家对生活的热烈渴望与顽强追求。凡·高采用简化的手法描绘向日葵，使画面富有平面感和装饰的意味。

（二）西方现代绘画赏析

1. 西方现代绘画概述

从19世纪末20世纪初至现在，在欧美各国相继出现与西方传统绘画相异的现代主义绘画。现代主义绘画以象征、变形或抽象等艺术手法，展示主观精神世界和现代观念意识。在对待自然与社会上，不像现实主义艺术那样直接描写现实与人生，而是表现自我精神、潜在意识和梦幻情景，通过纯粹的形式语言或抽象符号，折射外部世界，表现悲观、失落的思想或激动的情绪。

现代绘画中较重要的流派很多，如野兽派、表现派、立体派、未来派、超现实主义绘画、抽象主义绘画等。这里选择比较有代表性的作品进行赏析。

2. 对西方现代名画的赏析

《舞蹈》（法国　马蒂斯）（图1-1-31）

马蒂斯是野兽派的领袖人物，先后受到象征派和印象主义画派的影响，并吸收了波斯绘画和东方民间艺术的表现手法。他认为绘画应该通过色彩来表现艺术家的感情，强调色彩的表现性。他的作品主题大都比较单纯，大多是人体、肖像、静物和风景。绘画风格大致有两种，一种是笔触明快，用色自由大胆，以主观抽象的色块、形状及自由的线条来构成夸张的形象；另一种完全摒弃传统色彩、光影与明暗，追求色彩的单纯化、平面装饰效果的和谐及线条的节奏感。

《舞蹈》代表了马蒂斯成熟期的辉煌艺术成就。马蒂斯通过极其简练的线条、单纯而明快的色彩，勾画出几个在天地间舞蹈的人体，使他们统一在富有节奏的韵律中，生动地表现出人物的内在激情。虽然画面中只有三种色彩，但色彩在不同光线中的变化，使人物在充满空气感的幻觉中旋转。

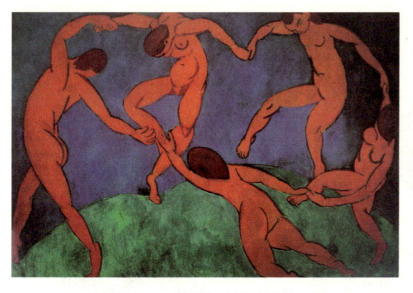

图1-1-31　《舞蹈》　法国　马蒂斯　　　　　　　图1-1-32　《呐喊》　挪威　蒙克

《呐喊》（挪威　蒙克）（图1-1-32）

《呐喊》是蒙克最著名的作品，也是20世纪最经典的绘画，几乎所有的表现主义画家都从中受到启发。画面中央有一个面似骷髅的人，双手捂耳朵，站在一条看不到尽头的桥上，似乎正从我们身边走过，将要转向那伸向远处的栏杆。他几乎听不见那两个远去行人的脚步声，也看不见远方的两只小船和教堂的尖塔，否则，那紧紧缠绕他的孤独，或许能稍稍地得以削减。这位完全与现实隔离了的孤独者，似已被他自己内心深处极度的恐惧彻底征服。画家用近似版画的方式，用红、绿、蓝、赭石的色线将血红的云彩与灰蓝的峡湾融汇得天水合一，线条犹如一条蜿蜒爬行的虫子浮游在画面上，如同梦一般，让我们感到一种先知的痛苦与压抑。

《亚威农少女》（西班牙 毕加索）（图1-1-33）

《亚威农少女》是立体派标志性作品，是20世纪西方艺术的转折，是古典与现代艺术的衔接。这幅画最初是表现画家少年时生活的一条小街上妓女生活的作品，但在创作过程中探索了新的造型方法，即立体主义的最初尝试。画面描绘了5个少女的形象，她们的身体被几何形体分割，加上变形的非洲面具式面部，显得怪诞与离奇。画家开创的这种立体主义的造型方法，就是要通过画面表现人所有的结构，而不是像传统画法那样以一个固定视点来表现形象。毕加索在这幅画中注入了一股疯狂、野性，画面呈现出生动轻快的气氛。这是毕加索的绝世佳作。

《格尔尼卡》（西班牙 毕加索）（图1-1-34）

这是毕加索作于20世纪30年代的一幅具有重大影响及历史意义的杰作。此画是受西班牙共和国政府的委托，为1937年在巴黎举行国际博览会的西班牙馆而

图1-1-33 《亚威农少女》 西班牙 毕加索

创作。画中表现的是1937年德国空军疯狂轰炸西班牙小城格尔尼卡的暴行。作为一个具有强烈正义感的艺术家，毕加索对于这一野蛮行径表现出无比的愤慨。他仅用了几个星期便完成这幅巨作，作为对法西斯兽行的谴责和抗议。

格尔尼卡是西班牙北部巴斯克族人的城镇，1937年被纳粹"神鹰军团"的轰炸机炸成一片废墟，数千名无辜的老百姓死亡。画面以站立仰首的牛和嘶吼的马为构图中心。画家以具象的手法与立体主义的手法相结合，并借助几何线的组合，使作品获得内在结构紧密联系的形式，以激动人心的形象艺术语言，控诉了法西斯战争惨无人道的暴行。毕加索曾宣称"那头画面中公牛代表黑暗和残忍"。女人从窗户中探出头来，手平举着一盏油灯，象征着揭露，把一切罪恶展示在光照之下，让世界看个分明。画面中绝望的男人向着天空高举双臂，控诉战争的罪行。画面中的马代表人民，马头上的灯象征上帝之眼在洞察人间的罪恶。呐喊的母亲托着被炸死的婴儿啼哭呼号。地上倒放着战士残缺的肢体，断手还握着剑，剑旁有一朵小花代表着希望的滋长。画面上的许多形象都是从不同视点来表现的，他们在交叠、错落和切割中，似乎没有一个完整的肢体，让我们感觉到一种混乱的战祸场面和惊心动魄的悲剧情境。

图1-1-34 《格尔尼卡》 西班牙 毕加索

《内战的预感》（西班牙　达利）（图1-1-35）

　　《内战的预感》是超现实主义绘画作品。超现实主义常常不受理性支配，而凭本能与想象，描绘超现实的题材，表现想象领域中的梦幻世界。此画的主体形象是一个由人体不同部位组成的巨大的而张力感极强的框架。在躯体被随意拆散又重新组合后，仍保持极其逼真的肢解后的躯体，魔爪般的巨手揪扯着长长的乳房，瘦骨嶙峋的足趾踏着切断的臂部，痛苦而又狰狞的头部昂向天空。这一切好像战争的巨魔一样，将要撕裂人类，割断自然，给人以一种疯狂而残酷的视觉刺激和心灵震撼，是对战争的无情揭露，还是对人类自毁的批判，都像画面上那深远而开阔的空间那样难以揣度。

图1-1-35 《内战的预感》 西班牙　达利　　　　图1-1-36 《记忆的永恒》 西班牙　萨尔多瓦·达利

《记忆的永恒》（西班牙　萨尔多瓦·达利）（图1-1-36）

　　画上描绘的物体都失去常态，那面团似的钟表，一大群令人恶心的蚂蚁，还有在团块似的东西上好像长着人的眉毛和眼睫毛，令人看了非常吃惊。荒凉的海湾是暗喻着生命的死亡，还是时间的停止？都不得而知。这种荒诞的描绘，强烈地刺激着观众的感官，具有很强的吸引力。

《生日》（俄国　夏加尔）（图1-1-37）

　　《生日》是夏加尔最典型的作品，画家运用超现实的梦幻手法表现生日的一个梦境。画面描绘的是画家在结婚前与贝拉相会的情景。那天是夏加尔生日，贝拉拿着鲜花，步履轻盈地走进画室，夏加尔看见后便立即跃起，跳到半空中，转过头来吻她。画面采用色面分割的手法，以人物黑色礼服、黑裤子与红色的地毯、桌子台布等相配造成一种热情而温暖的充满爱的气氛。

图1-1-37 《生日》 俄国　夏加尔

《哈里昆的狂欢》（西班牙　米罗）（图1-1-38）

米罗是20世纪西班牙超现实主义的伟大画家，是把儿童艺术、原始艺术和民间艺术融为一体的绘画大师。米罗的画风，总是有一种天真、无邪、贪玩的风格。米罗的空想世界非常生动。植物和野兽，甚至无生命的物体，都有一种热情的活力，使我们觉得比日常所见更为真实。作品幻想虽神秘，表现却明晰，画面充满了隐喻、幽默与轻快，表现孩童般的淳朴天真，并且富有诗意。

《哈里昆的狂欢》被认为是第一幅超现实主义的图画。画面的下方有个一半红脸一半蓝脸的小丑在跳跃，那人长着有趣的胡子，叼着长杆的烟斗，周围有从盒子里爬出来的昆虫，长着眼睛的木桩，飞来飞去的几何图形，所有的物体在这个奇特的空间内一起狂欢。窗外安静的星星、高山，让我们感受到室内这种激动感和躁动感。画面没有什么特别的象征意义，画家充分地描绘了一种辉煌的梦幻形象。

图1-1-38　《哈里昆的狂欢》　西班牙　米罗　　　　图1-1-39　《时髦女低音》　俄国　康定斯基

《时髦女低音》（俄国　康定斯基）（图1-1-39）

康定斯基被认为是西方抽象主义绘画的创始人。他认为美术应像音乐一样含蓄和抽象，画家调配色彩要像音乐家调动音符和旋律一样，观众看一幅画也像欣赏一首乐曲一样去感受、去想象、去再创造。同样，点、线、面在一定的环境中具有超现实的属性，不仅给观众造成丰富的视觉印象，而且具有道德和感情的含义。画面中出现了几何形体，但其结构也不再那样精确，画家对色彩的运用也更自由了，对色彩和谐的把握更加精确、肯定，采用简洁的造型，鲜明的红、绿对比色，作品极具个性。

《红黄蓝构成》（荷兰　蒙德里安）（图1-1-40）

《红黄蓝构成》是蒙德里安几何抽象风格的代表作之一。通过色彩之间相互的彰显和形体面积来形成画面的主要结构，这对于此前艺术的发展起到一定的颠覆作用。画面中粗重的黑色线条控制着七个大小不同的矩形，形成非常简洁的结构。右上方是鲜艳的红色，下方是蓝色、黄色和灰白色的配合，与红色的正方形在画面上产生一种平衡感，形成一个有节奏、有动感的画面。

《第五号，1948》（美国　波洛克）（图1-1-41）

《第五号，1948》是波洛克行动绘画发展到巅峰时期的一幅作品。黄色、白色、栗色以及黑色构成的线条互相缠绕着，极具动感。这正是波洛克在行动绘画中产生出来的。画家作画时先把画布钉在地板上或墙上，然后随意在画布上泼洒颜料，由于身体所处的位置和角度不同，手臂带动颜料的运动轨迹和力度不同，就形成了纵横交错的抽象线条效果。画作由此也就具有了抽象主义的美感。这种绘画行动即兴、随意，这种方法被称为行动绘画或抽象表现主义。

图1-1-40 《红黄蓝构成》 荷兰　蒙德里安　　　　　图1-1-41 《第五号，1948》 美国　波洛克

（三）幼儿欣赏西方绘画作品

1. 选择合适的绘画作品

欣赏风格多样的西方绘画作品可以很好地增长幼儿的知识，扩大幼儿的眼界。要给幼儿合理安排绘画的形式和主题，一般来说，由简单到复杂，由抽象到写实，循序渐进。

抽象作品没有具体的事件，没有写实的人物，只有那些看似随意的点，无拘无束的线条，各种各样的形状以及鲜艳明快的色彩。这些有趣的画面，容易被幼儿欣赏、理解和接受，如蒙德里安的几何抽象作品、波洛克的作品等。经过对抽象绘画的欣赏，幼儿对点、线、面有了初步的了解，接着可以选择更注重表现情感或形式感较强的作品，如凡·高、马蒂斯的作品，让幼儿感受画面强烈的感情色彩和形式感。在幼儿对美术表现的基本要素如线条、形状等有了一定的了解以后，再欣赏一些写实作品，如米勒的《拾穗者》。这种具有一定的背景、情节和人物的作品，可以让幼儿从人物的动态及表情等方面来感知作品表现的主题，也可以从画面的色调及构图等方面来感受画面包含的意蕴，从而使幼儿对事物的观察更加细微，对美的事物更加敏感，情感体验更丰富，同时故事的背景及作品的意义也使幼儿扩充了知识面和眼界。

2. 运用多样化的欣赏方法

在进行幼儿美术欣赏教学时，要设计许多灵活多样、生动活泼的活动，使幼儿积极投入到活动中，从而达到欣赏的目的。

在展示图片时，可以结合语言交流法引导幼儿细心地观察，鼓励幼儿从画面的形状、色彩等方面描述自己所看到的。在描述过程中，不要把结论和看法强加给幼儿，要给幼儿一定的时间独立欣赏，想方设法激发幼儿的好奇心和想象力，让他们有自己的探索和想象。比较方法也是常用的方法，如在欣赏梵·高的《星月夜》时，让幼儿观察画面中的夜空与现实中夜空的相同和不同之处，进而引导幼儿发现画家线条的独特魅力，体会画家所表达的情感。在欣赏美术作品时，也可以聆听音乐、诗歌、故事，以此来加强和提高欣赏效果。

3. 体验创作

通过对作品的观察、有目的的引导，鼓励幼儿通过绘画的形式将对作品的整体感受表现出来，可以借鉴画家的作画方式和作画手法，也可以用自己的语言进行描绘，这有助于幼儿对艺术语言与形式美的原理的理解，使幼儿的审美能力得到进一步提高。

【知识拓展】

写意花鸟的创作与技法

图1-1-42 《葫芦》

葫芦的画法

葫芦茎蔓叶儿密，提斗笔画淡墨宜。
爬出蔓藤有弯枝，中锋勾画笔道细。
调色盘中用藤黄，赭石颜色中间放。
大白云笔来调匀，中锋二笔弧线长。
下面画成球形状，侧锋一笔在左旁。
右边一笔连成圆，小笔浓墨点脐亮。
整幅画要经营好，在落笔前多思量。
《葫芦》如图1-1-42所示。

图1-1-43 《竹子》

竹子

竹叶尖尖细细长，二笔画出人字旁。
三笔"个"字画一竖，四笔画成"介"字样。
两组叶子画重叠，侧锋画茎节节上。
竹节浓墨写八字，小枝淡墨在一旁。
《竹子》如图1-1-43所示。

紫藤

紫藤花，串串连，中白云笔侧锋练。
花青加上曙红色，变成紫色放前面。
毛笔浸，水来变，一笔下去有深浅。
画花朵时四笔成，藤黄点蕊在中间。
花苞蕾，一笔画，深紫颜色花蒂尖。
再用中笔换绿色，侧锋画出小叶片。
叶儿长得向下垂，一枝一片往下添。
赭石颜色勾叶筋，趁湿下笔色渐变。
《紫藤》如图1-1-44所示。

图1-1-44 《紫藤》

荷花

大白云笔粉色选，稍蘸曙红在笔端。
中锋用笔画花瓣，水分大来色泽艳。
荷花每朵十余瓣，盛开瓣儿有长短。
花瓣根部向心靠，紧紧长在荷梗端。
小白云笔花筋穿，曙红着色深浅全。
花蕾侧锋一笔画，浓墨勾蒂下面串。
大提斗笔墨色浅，由外向内画叶全。
小笔浓墨勾叶筋，趁湿完成才自然。
《荷花》如图1-1-45所示。

图1-1-45 《荷花》

图1-1-46 《梅花》

梅花

用墨画枝要有力,水少墨干才适宜。
侧锋先把主干画,主干小枝有疏密。
画枝要留花位置,添花要分主和次。
红梅花,调朱砂,笔尖稍蘸曙红画。
中白云笔侧锋行,一瓣一瓣来画它。
正面花朵分五瓣,侧面再把三瓣加。
小笔浓墨点花蕊,添上小蒂在花下。
《梅花》如图1-1-46所示。

图1-1-47 《小鸡》

小鸡

大白云笔画鸡头,
顺势两笔画翅膀。
小笔浓墨画好嘴,
再用小笔点上眼。
小笔淡墨勾鸡身,
浓墨小笔画鸡腿。
《小鸡》如图1-1-47所示。

水泡鱼

浓墨中锋画鱼背，调好淡墨画泡眼。
随后淡色勾鱼腹，胸鳍虚接鱼鳃边。
调出淡墨画鱼尾，两片鱼尾形似扇。
自然潇洒有动感，小笔浓墨点鱼眼。
由头向尾拖一笔，转过笔锋至尾端。
尾部两笔分大小，黑色眼球齐朝前。
中锋一笔先画头，水泡眼睛勾个圆。
顺势勾画鱼腹部，画上双尾游向前。
《水泡鱼》如图1-1-48所示。

图1-1-48　《水泡鱼》

蟹趣图

大笔调墨侧锋画，三笔画好螃蟹形。
顺势就画螃蟹螯，中锋画蟹八腿横。
两边用笔忌平行，勾画蟹钳点眼睛。
《蟹趣图》如图1-1-49所示。

图1-1-49　《蟹趣图》

【思考、讨论、实践】

1.《我的小鸟天堂》幼儿欣赏教学设计

请结合《我的小鸟天堂》设计一个幼儿欣赏教学课件，要体现具体的教学目标和教学过程。

2. 教学建议

（1）在欣赏作品的过程中培养幼儿热爱生命、热爱自然、热爱生活的情感及环保意识。

（2）引导幼儿感受线条和墨色的表现力。

（3）在教学过程中欣赏和创作结合。在创作环节，可以让幼儿尝试用不同的方法和形式表现线条。如图1-1-50和图1-1-51所示，用浓墨、淡墨和加色的墨在熟宣纸上画出线条，表现枝条的远近和虚实关系。

图1-1-50 《我的小鸟天堂》

图1-1-51 《我的小鸟天堂》

第二节   幼儿绘画读本赏析

【学习提示】

欣赏国内外优秀的幼儿绘画读本，学习绘本的材料、类型及创作风格。通过对绘本的欣赏与讨论，全面了解现代幼儿绘本创作的内容及形式，认识绘本对幼儿成长的重要作用。

【学习目标】

分析绘画读本的类型特征及图文特点，通过欣赏读本深入了解幼儿阅读心理，学习绘本的创作表现形式，并能够独立进行绘本创编。

一、幼儿绘画读本概述

（一）绘本的历史

幼儿绘画读本也被称为图画书，简称幼儿绘本。日本福音馆书店社长松居直对少儿读物形式作出的解释为"图画书是指文和图之间有独特的关系，它以飞跃性的、丰富的表现手法，表现只是文章或只是画面都难以表达的内容"。1658年捷克教育家扬·阿姆司·夸美纽斯出版的《世界图绘》，被公认为欧洲最早的带插图的儿童书。19世纪30年代，得益于印刷技术的发展，彩色出版物逐渐走入人们的视野，凯迪克、格林纳威、克兰、波特等艺术家将鲜艳的色彩和大胆的设计画面融入儿童读本中，成为绘本史上"黄金时代"的杰出代表。

（二）绘本的组成

绘本由封面、前环衬、扉页、正文、后环衬、封底组成。封面上标注有书名、作者和出版社信息，获奖绘本还会出现奖项图标。环衬连接封面（或封底）及内文，通常一半粘在封面（或封底）背后，一半是活动的，所以又被称为"蝴蝶页"。正文为绘本内容主体部分。封底除了条形码及价格信息外，还可能有阅读推广人的评价或故事简介，有的封底还是正文故事的延续。

（三）绘本的分类

科学教育类，如字母绘本、认字绘本、益智绘本、成语故事及民间故事绘本等（图1-2-1至图1-2-4）。

情绪管理类，如《菲菲生气了》（图1-2-5）《你爱谁多一些》等。

品格培养类，如《大卫，不可以》（图1-2-6）《玛德琳》等。

亲子沟通类，如《睡觉去，小怪物》（图1-2-7）《谁来我家》等。

生命教育类，如《爷爷有没有穿西装》（图1-2-8）《开往远方的列车》等。

人际交往类，如《最重要的事》（图1-2-9）《你愿意做我的朋友吗》等。

图1-2-1

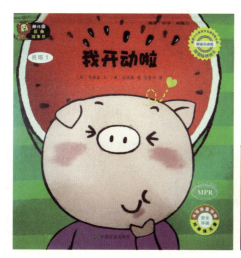

图1-2-2

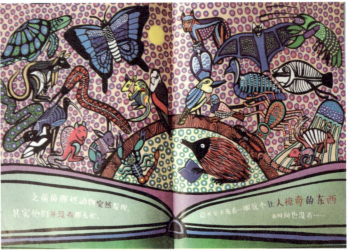

图1-2-3

图1-2-4

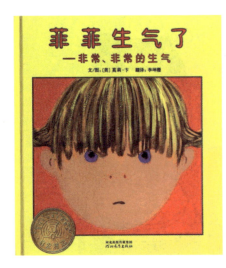
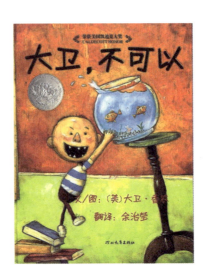

图1-2-5　　　　　　　　　　　　图1-2-6　　　　　　　　　　　　图1-2-7

图1-2-8

图1-2-9

二、幼儿绘画读本赏析

新西兰图书馆员罗西·怀特《关于孩子们的书》中提到"绘本是孩子们在人生道路上最初见到的书，是一个人在漫长的读书生涯中所读到的书中最重要的书。一个孩子从图画书中体会到多少欢乐，将决定他一生是否喜欢读书"。绘本通过艺术与多元学科相互交融的形式传达幼儿的心理感受，表现幼儿的情绪及愿望，成为幼儿终身成长伙伴。同时，绘本也成为教师及家长了解幼儿的窗口，是幼儿与家长进行亲子阅读、审美欣赏及分享感受的良好素材。

（一）绘本内容及教育目的

绘本对幼儿成长的启示比枯燥的说教更为有效。幼儿在成长的不同阶段都会面临诸多问题，如生活习惯、社会交往、亲子关系、奇幻梦想等。绘本内容围绕幼儿的真实生活，记录幼儿心理，同时通过生动的绘本内容形式实现对各年龄阶段幼儿的教育。

（二）绘本艺术表现形式

深受幼儿喜爱的绘本画面形式新奇、大胆，运用材料丰富有趣，装帧设计独特多样。现代绘本中，除了纸质书外，还有布质口袋书、胶片书、立体书、撕不烂书、点读书、立体书、会发声的书、洞洞书等。作画材料，除了传统的国画、水彩、油画、版刻、雕塑等，还出现许多新技法，如彩铅、拼图、撕纸、彩砂、综合材料、摄影等。乔伊斯·西德曼创作的《美丽的螺旋》（图1-2-10、图1-2-11），运

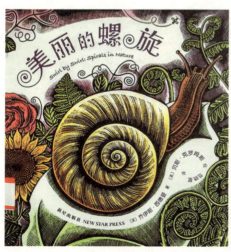

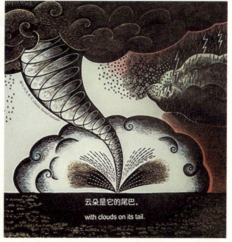

图1-2-10

图1-2-11

用版画的技法，将自然界的美丽螺旋形态展示出来，通过对自然螺旋的大小、疏密等千变万化的描绘，让孩子们认识螺旋、热爱生活。《美丽的螺旋》也是幼儿美术教学中线条课程讲授的优秀素材。

（三）绘本艺术风格

绘本的艺术风格是指绘本艺术家独特的创作特点，或绘本所具有的时代与民族艺术特征，及不同材质和媒介所形成的不同风格。幼儿绘本艺术风格的划分方法各异，有装饰风格、抽象主义、超现实主义、表现主义、印象主义、卡通艺术、民间风格等。如日本五味太郎创作的绘本《欢迎来到神奇船》（图1-2-12、图1-2-13），色彩明亮，色块单纯，画面用幼儿喜爱的几何图形进行形象概括，很富有儿童情趣。

图1-2-12

图1-2-13

（四）绘本创作

幼儿喜爱阅读绘本，也喜爱创作绘本。在同一个故事主题下，相对独立但彼此联系的画面使幼儿能够轻松自由地进行想象和表现。在教学中掌握绘本创作方法，自制绘本教具，学习绘本的装帧设计，是基本技能要求。

1. 绘本创作方法

在绘本设计中，创作者应根据技法、材料、画面形式的不同，选择适当的创作方法。绘本创作方法种类很多，大致分为手绘、电脑合成、摄影技术、自然材料、泥塑、木刻等。在《问个不停的小鳄鱼》里，埃莉莎·克莱运用水彩、水粉等综合材料手绘法，并加入孩子们喜爱的蕾丝花边（图1–2–14），画面语言生动活泼，小鳄鱼如同一个不停发问的孩子，富有生活情趣。

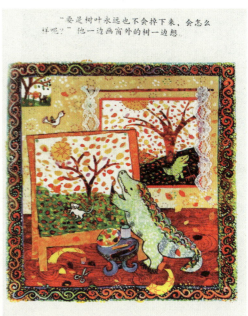

图1–2–14

2. 绘本创作步骤

创作绘本应首先定下主题，然后进行整体构思，对绘本内容、形象、材料、装帧形式等进行设计并形成方案。构思设计完成之后，应拟定绘本封面、扉页、正文和封底草图，修改完善并选择相应表现方法进行制作。图1–2–15运用半立体及立体拼贴的方式设计，增强了绘本的空间感和视觉丰富性；图1–2–16运用平面并置的连环画形式制作，故事情节一目了然，色彩鲜明，画面整体，很适合幼儿教学使用；图1–2–17除水彩技法表现画面外，作者还添加了蕾丝花边等材料，为幼儿带来全新的触觉、视觉感受。

【经典绘本欣赏】

《小矮子穆克》（图1–2–18至图1–2–21）讲述了东方神秘的奇人异事，是豪夫童话中深受孩子们喜爱的经典片目。故事围绕小矮子穆克意外得到的一双快脚魔鞋和一根能发现宝藏的魔杖展开，在穆克成为国王信使时，他的宝贝竟给他带来杀身之祸。故事情节跌宕起伏，制作精美，笔触细腻，画面细节生动有趣，体现出欧洲中世纪的古典画风情。

图1–2–15

图 1-2-16

图 1-2-17

图 1-2-18

图 1-2-19

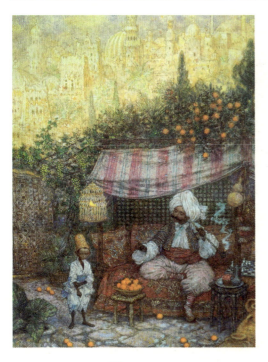

图1–2–20

图1–2–21

　　《不吃肉的霸王龙》（图1–2–22至图1–2–25）讲述了霸王龙雷金是个不吃肉的素食主义者。虽然也能发出凶猛残暴的叫声，跑得飞快，蹿得老远，但因为不吃肉，雷金受到同类的嘲笑。它选择出走寻找接纳自己的伙伴。在一次危急时刻，雷金用它的力量保护了同类，最终恐龙们接纳了雷金，并喜爱上了素食的美味。本书色彩单纯丰富，形象简化夸张，同时也启发了孩子们怎样坚持做自我勇敢走下去，赢得集体的尊重。本书曾获得布拉迪斯拉发国际插画大奖。

图1–2–22

图 1-2-23

图 1-2-24

图 1-2-25

《云朵一样的八哥》（图1–2–26至图1–2–29）讲述了一只迷路八哥闯进人类生活的故事。全书将西方造型手法和东方剪纸艺术完美融合，化繁为简，纯朴简洁。插画家郁蓉毕业于英国皇家艺术学院，是该学院近20年来首位中国留学生。该书获得第五届中华优秀出版物提名，并获得布拉迪斯拉发国际插画大奖。

图1–2–26

图1–2–27

图1–2–28

图1–2–29

《自私的巨人》（图 1–2–30 至图 1–2–32）是英国作家、戏剧家奥斯卡·王尔德创作的童话作品，讲述了巨人从自私变得慷慨，学会怎样和他人分享快乐，并受到善良启示的温馨感人故事。插画家里特娃·伍迪拉运用细腻写实的油画技法历时一年创作此书，为阅读者带来身临其境的美好感受。

图 1–2–30

图 1–2–31

图 1–2–32

《最后一只漂泊鸟》（图 1–2–33 至图 1–2–36）从鸟的视角讲述了地球上最后一只漂泊鸟玛莎的故事。漂泊鸟（旅鸽）曾拥有 50 亿只的数量，每当它们成群从天空飞过，能够瞬间遮蔽天空和太阳的光线。因人类过度捕杀，生活在辛辛那提动物园里的玛莎，成了最后一只活着的漂泊鸟。人们把它保护在鸟笼中，不远千里前来一睹它的美丽，并以华盛顿夫人之名为它命名，然而还是无法抵挡灭亡的命运。玛莎被制成标本送进国家博物馆，人们再也见不到活着的漂泊鸟。本书从物种灭绝故事中培养孩子长远而理性的思考，书中文字真挚感人，画面色彩绚丽，形象夸张有趣，深受孩子们的喜爱。该书

图1-2-33

图1-2-34

图1-2-35

图1-2-36

曾获德国青少年文学奖提名。

【课后作业】

1. 阅读幼儿绘本，分析其艺术表现形式和画面内容关系。
2. 寻找生活中的小场景或小故事，进行绘本创作。

第三节　幼儿绘画作品赏析与创作

【学习目标】

1. 了解幼儿绘画的概念和表现形式。
2. 学习不同绘画材料的创作方法和技法。
3. 运用幼儿绘画作品的知识与技能对幼儿绘画作品进行鉴赏。

【关键词】

幼儿绘画　材料　技法　创新

一、幼儿绘画形式、内容赏析与创作

（一）学习提示

1. 幼儿绘画与成人艺术创作有本质区别。
2. 捕捉意象是幼儿绘画的显著特征。
3. 运用鼓励的原则，启发和诱导幼儿大胆绘画，创造生动的画面。

（二）观点品读

1. 幼儿绘画是幼儿最乐于接受的艺术表现形式。
2. 成人绘画体现的是思想与审美力，孩子绘画体现的是好奇心，好奇心永远是孩子绘画的动力。

绘画是幼儿最早发展的智力活动之一。它可以促进幼儿的身心发展、认知发展及手眼动作协调，更能发展幼儿的个性、想象力、创造力，在促进智力发展的同时还能促进非智力因素的健康发展。因此，对幼儿进行绘画熏陶是十分必要的。

幼儿绘画指的是幼儿自己画的画。一幅好的幼儿绘画往往充满了稚趣，画面上的每一根线条、形状、形式和色彩都传达了幼儿的思维和情感，并且充满了想象和创造。每个幼儿的画应有与众不同的特点，有的敢于写实，有的富于想象，有的工整，有的粗犷，表现了幼儿对生活的独特见解和感受。

幼儿绘画是最主要的一种幼儿造型艺术，它是指运用线条、色彩和形体等艺术语言，通过造型、设色和构图等艺术手段，在二维空间（即平面）里塑造出静态的视觉形象来表达幼儿审美感受的艺术形式。绘画种类繁多。

从工具材料看，幼儿绘画可分为线描画、水墨画、油画棒画、版画、水彩画、水粉画等。

从题材内容看，幼儿绘画可分为人物画、风景画、静物画、动物画等。

从作品的形式看，幼儿绘画可分为写生画、记忆画、想象画、幻想画、故事画等。写生画即观察画，是把眼睛所看到的景象照着它的外形加以描绘的一种画法。写生画是培养幼儿对周围事物产生兴趣及训练观察能力最直接的方法，这种教学法是培养眼的观察能力和手的描绘能力的最好的方法。记忆画是指幼儿意识生活中的观念和印象，诉诸记忆所描绘出来的绘画，其所描绘的内容多以过去的事物为对象，记忆画的教学能够让幼儿复现生活中的观念和印象，减低儿童记忆印象消退，是最好的辅助教材。想象画的目的在于思想的启发和创造力的培养，其用意在于唤起幼儿把自己的经验和内心所想到的事物直率地表达出来，流露出幼儿的真情与心声。幻想与想象在含义上略有不同，想象具有联系旧观念而形成新观念的作用，有推想的含义；幻想则是空虚不切实际的思想或念头，因此幻想画与想象画是有区别的。想象画是就现实的景象加以联想；幻想画则是超越现实的环境无中生有、凭空幻想而来的。幼儿的幻想画教学就是为培养幼儿幻想能力的一种练习活动，儿童多半是借着心中所产生的某种奇特的影像，或者赋予物体特殊的功能，或者以梦幻似的联想来作为幻想画表现的内容。故事的本身原为一种构想，借着这种构想唤起幼儿对现实的体验作为绘画意识的表现。因此选择一个动听的童话故事能使幼儿以深切的感受力与想象力，表现出童话的梦幻世界来。

幼儿绘画教学是幼儿美术教育中主要的内容，是促进幼儿想象和创造力发展最有效的手段。幼儿借助绘画活动可以表现自己的生活态度、内心情感。

从幼儿绘画发展规律来看，幼儿的绘画创作能力大致分为涂鸦阶段（1.5—3岁），基本形状阶段（3—4岁）和初期图式阶段（4—6岁）。从这三个不同发展阶段的实验调查分析中得出，（2—3岁）小班幼儿在活动中不能表达自己的意愿，画面形象单一，似像非像。（3—4岁）中班幼儿已能把简单的形状与实物联系起来，但画中的物体之间联系性差，缺少想象的情节。（4—6岁）大班幼儿的画面一般很丰富，且与主题有关，能用多种色彩作画。大班幼儿能把前一阶段所绘的基本形状有选择地结合在一起构成图像，企图使涂写的画面符合自己心中的形象。

　　幼儿绘画的创新是一个由浅入深、循序渐进的过程，这与幼儿的身体和大脑的发展是相联系的。通过大量的实践，我们总结了目前一些普遍使用的有效方法，当然这些方法不是一成不变的，需要在使用时根据情况加以选择。

【知识拓展】

　　玩色与涂色相结合，让幼儿体验成功的快乐。幼儿思维的直觉行动性、小肌肉的动作发展都不完善，动手操作能力较差。如果在绘画教学中让他们进行单调机械的涂色练习，时间一长他们就会失去绘画兴趣，挫伤他们学画的积极性，甚至对绘画产生厌恶感。只有为幼儿提供丰富有趣且能使画面产生较好效果的材料和形式，才能使幼儿对绘画活动产生兴趣。

　　在教学实践中，为幼儿提供了蔬菜瓜果印章、废旧报纸、滴管、油画棒等丰富多彩的工具材料，利用这些工具材料把玩色跟涂色相结合，为这个年龄段的幼儿表现作品、体验成功提供了一个便捷的行动途径。如在"秋天的大树"活动中，先让幼儿用油画棒画树干，然后提供废报纸和水粉，幼儿只需把废报纸揉成小纸球，蘸上水粉颜料，往树枝上轻轻印一印，一片片树叶便画好了。又如在"金鱼浮游"活动中，幼儿先用油画棒涂画金鱼的身体和水草，然后用手掌蘸水粉颜色印画金鱼尾巴，一条漂亮的金鱼瞬间畅游在画面上了。玩色跟涂色相结合，降低了绘画的难度，容易使幼儿体验到成功，让幼儿觉得绘画原来就是"玩"游戏，绘画是一件快乐的事情，在精神、情感上产生满足感。

　　绘画与手工相结合，发展幼儿的构图能力。幼儿由于认知能力和定向思维的局限，在绘画时往往对物体所处的空间位置印象比较模糊，常常出现构图方面的困难。幼儿小肌肉群发展还不完善，手臂动作很难控制，他们往往只能画出一些乱线、乱点或乱色块，画面凌乱无序。在教学中，利用纸工和添画相结合的形式，帮助幼儿解决两个难题——布局和大体比例。在摆放图形的过程中，幼儿的构图能力得到了提升，增强了动手能力，从而提升了对绘画的兴趣。例如，利用彩色蜡光纸粘贴造型。在活动"乌龟吐泡泡"中，提供给幼儿一大一小两张圆形蜡光纸，幼儿只要把两张纸拉开距离粘贴在画纸上，用油画棒把两圆用粗线连接，在小圆上画上眼睛和嘴巴，在大圆上画四肢，一只可爱的乌龟就浮现在眼前了。利用旧画报上剪下的动物等图案和折纸作品进行构图添画。如利用幼儿从手工书上剪下的狮子头像，让幼儿添画，解决了幼儿画面简单的问题，收到了意想不到的效果，进一步激发了幼儿对绘画的兴趣和自信心。再例如，在"蝴蝶飞飞"活动中，在卡纸上把蝴蝶画好后，用剪刀把蝴蝶的翅膀剪切一部分，让蝴蝶"飞"起来。利用手工和绘画结合可以使活动更有吸引力，增加教学的融合和联系。

【知识小结】

　　本小节重在培养幼儿教师理解幼儿绘画的含义、分类和作用。在此基础上，幼儿教师要灵活利用这些知识与其他方法相结合，从而达到创新的目的。要顺利地掌握本节内容的知识，重点在于幼儿教师绘画的基本功和美术教学法的学习运用。充分运用现代教学资源也是幼儿教师应当掌握的技能。

【思考、讨论、实践】

　　1. 思考幼儿绘画的创新除了在纸面上表现，还可以在什么地方表现？为什么？
　　2. 分组讨论幼儿绘画的创新可以通过哪些形式来表现？
　　3. 设计一种幼儿绘画创新的方法，并说明设计思路及方法。

【本小节在幼儿园教学活动中的应用】

　　本小节主要是幼儿绘画的理论内容，这些内容可以帮助我们更好地理解幼儿绘画的形式与内容，为幼儿绘画教学提供依据。

二、幼儿绘画技法赏析与创作

（一）学习提示

1. 了解幼儿绘画的材料及基本技法。

2. 通过观察幼儿的绘画，总结出不同绘画材料对幼儿能力的培养。

3. 学习不同幼儿绘画材料的技法，懂得幼儿对绘画作品的鉴赏与创作。

（二）观点品读

1. 绘画对幼儿来讲是一种游戏、娱乐，也是表达自己思想情绪的一种方式。

2. 幼儿的画，画得自由，就是教师的成功。

3. 大胆的想象和勇敢的创造将使幼儿终身受益。

（三）幼儿绘画技法

线描画

画线是表现形象最简便、最直接的绘画手段。幼儿画线描画，对提高造型能力、想象能力有着其他画种不可替代的作用。

学画线描画，不同年龄段的幼儿对工具材料有着不同的需要，年龄偏小的幼儿比较喜欢色彩丰富的彩笔、油画棒，年龄偏大的幼儿则喜欢材质特别的荧光笔等。为了避免幼儿在绘画过程中感到单调乏味，在工具材料的选择上应该丰富多样。在一般情况下应该选择不能涂改的笔作画，这样可以锻炼幼儿大胆、果断的作画习惯。

幼儿用线表现的形象应该肯定、明确，笔笔到位，不能潦草。运笔要慢，中间不可以把笔抬起来，应一笔下去画到头，使线条完整并且有力度。线的排列要讲求疏密变化，一般画外轮廓时用线要完整，表现内部结构和形体时要用排列密集的线，并可以适当加一些装饰性花纹，使画面具有节奏美感。

工具材料：

铅笔、橡皮、勾线笔、卡纸、彩色卡纸。

基本技法：

1. 画直线、斜线、曲线是线描画的基本方法。

2. 点、线、面的疏密、虚实与大小变化。

3. 不同勾线笔的运用。

4. 不同线性材料的肌理拓印。

刮画

刮画又名刮蜡，是一种新型的绘画方式。除了用竹笔在刮画纸上绘画创作以外，还可以配合其他工具作画，丰富画面效果。如牙签、用完水的水笔、竹筷、回形针等。尖的用来画细线条，更好地表现细节；扁平的可以用来画粗犷的线条或者面。刮画纸是一种双层艺术类纸品，上层主要为黑色，下层为单色或迷彩色，刮去上层的黑色便露出下面的彩色，色彩亮丽，对比强烈，有着良好的视觉效果，深得小朋友的喜爱。刮画不适合反复修改，可以锻炼孩子果断的作画习惯。

制作刮画纸一般是以蜡笔、彩色的油画棒上颜色，根据形状任意涂色，也可使用单色涂画。主要制作方法如下：

1. 找一张素描纸，画一个圆形或方形的大图，注意不能把纸涂满。

2. 在之前画的图形内用蜡笔涂上几种自己喜欢的颜色，可以有很多种，要有很大的反差。同时可以使用几种颜色混出各种其他的颜色画面。

3. 用黑色的蜡笔覆盖住之前涂的彩色部分，必须很用力，要涂得很均匀。

4. 用没有水的笔或者牙签在上面画上可爱的图案。

这样，就成了一幅色彩绚丽的刮画。当然，现在市场上已经有现成的刮画纸了，可以买回来直接用。

写生画

写生，就是直接以实物为对象，一边观察，一边用简洁的线条把实物的主要特征描绘出来。它是锻炼绘画基本功的一种方法，也是绘画的一种表现方式。

写生工具简便，方法多样，易于掌握。它能帮助小朋友们提高绘画表现的技巧，养成观察事物的良好习惯，并从自然中敏锐地捕捉美的事物，提高自己的审美能力和艺术修养。丰富多彩的写生内容，能增强幼儿的写生兴趣，提高幼儿敏锐的观察力及灵活多变的表现力，培养儿童热爱生活、热爱大自然的情感。

写生的工具主要有钢笔、记号笔、签字笔、白纸和色卡纸。

幼儿写生宜采用钢笔，钢笔出线匀细，线条挺拔有力，富有弹性，画面效果丰富多样，可表现线面结合的画画效果。

学习写生，首先要掌握正确的观察方法，即整体观察和特征观察。整体观察就是从整体出发，把各个部分联系起来进行观察。写生是从局部入手的，但每画到一个局部，心里要想着局部与整体的关系，眼睛要关照各部位的变化，眼光不要只盯笔尖那么一点地方而不顾及其他。特征观察写生必须抓住特征来表现，细致地观察物体形象的微妙差异和本身的结构关系。

写生时，要忠实于自己的眼睛和真实感受，并能把真实感觉画出来，尽量不要把过去画简笔画的方法用于写生，要克服简单化、模式化的毛病。写生是靠多看作品、多练习、勤于思考慢慢领悟的，写生记下的都是观察的过程中打动了自己，自己提炼出来的东西。

静物写生主要是指对静止状态下的物体的写生，如生活用品，幼儿玩具，艺术装饰品以及花卉、蔬果等体积不大的静物，这些静物和幼儿的生活有着密切的联系。对初学者来说，选择静态物体写生比较容易把握。建筑、风景写生可选择幼儿较熟悉、易画的建筑，如幼儿园、造型独特的桥、亭子及风格各异的高楼。风景写生，可充分利用各种优美的环境资源，选择幼儿熟悉的景物。交通工具、人物写生也是幼儿较感兴趣的题材。教幼儿画人物，首先要抓住人物特征，也就是动势、比例特征和头像特征，这是训练幼儿画人物造型的关键。要引导他们尽量凭自己的直观感受和观察去大胆地画出不同人物的特征。

【幼儿作品欣赏】

请欣赏如图1-3-1至图1-3-5所示的作品。

图1-3-1　　　　　　　　　　　　　　　　　图1-3-2

图 1-3-3

图 1-3-4

图 1-3-5

油画棒画

油画棒又叫做油彩粉笔，它色彩鲜艳、饱和、质地细腻、涂色方便、覆盖力强，表现手法多样，是孩子们喜欢的一种绘画工具。油画棒画是幼儿学画最常见的绘画形式之一。

工具材料：素描纸、水粉纸、色卡纸、油画棒。

绘画步骤：

1. 用铅笔起稿。在纸上用铅笔轻轻勾画轮廓，定稿时，轮廓线要清晰，铅笔痕迹不要太深。

2. 涂色，勾边线。根据画面内容选择合适的颜色，涂色时用力要均匀，注意不要涂到线条外面，特别要保持画面的清洁、美观。必要时可以在已涂好颜色的部分铺上白纸，以免弄脏画面。

厚涂法

（1）平涂填色法：选择一种颜色均匀地涂在所需的画面上。

（2）调和过渡法：先用一种深色沿造型边缘涂上，再选一种浅色覆盖其上，依次过渡。

（3）重叠刮色法：先涂一层浅色，再在浅色上覆盖一层深色，然后用牙签刮出造型。

薄画法

（1）单色薄画法：选一种颜色轻轻平涂在画面上。

（2）叠色薄画法：将多种色彩重叠，轻轻涂在画面上。

点色法：将颜料轻轻点涂在需涂部位。

映衬法：用深色勾出外形，再用浅色涂主体画面。

交织涂色法：用浅色画外形，在需涂色的部位画上平衡的横、竖、斜线，不要交织重叠。

浅涂深勾法：用浅色画出主体并轻轻涂色，再用深色勾出外形。

浅勾深涂法：用浅色勾出外形，再用深色涂主体画面。

前后分离法：前面的物体用浅色（深色）涂，后面的物体用深色（浅色）涂。

留白法：用铅笔轻勾外形及线条留白部分，再用油画棒涂色，不要涂到留白内。

【幼儿作品欣赏】

请欣赏如图1-3-6至图1-3-9所示的作品。

图1-3-6

图1-3-7

图1-3-8

图1-3-9

水彩笔画

直接用水彩笔在纸上作画称为水彩笔画，简称彩笔画。彩笔画材料简单，操作方便，色彩鲜艳亮丽，一直以来深受小朋友以及广大美术爱好者的喜爱，在校园里以及老师的教学中应用广泛。

水彩笔的优点是水分充足，色彩丰富、鲜艳，缺点是水分不均匀，过渡不自然，两色在一起不好调和。幼儿学画彩笔画，应该扬长避短，多运用色彩的过渡效果，如从纯色到灰色，从暖色到冷色的过渡。还可以结合其他绘画工具综合运用，如油画棒、水彩颜料等，使画面更加丰富多样，呈现出幼儿绘画的多元化和个性化特色。

工具材料：铅画纸、水彩笔。

要学好彩色笔画，就一定要熟悉水彩笔的特性，掌握它的特点，对色彩有一定的认识，能将各种颜色很好地搭配运用。在平时练习的过程中，也要不停地研究，积极探索色彩间组合的奥秘。不同的纸张会呈现出不同的色彩效果。

基本技法：在彩笔画的表现技法中，有排线平涂法、点线面结合法、色块组合法等，学生必须有一些线描的基础，才能学好彩笔画。

水彩笔还可以代替常用的黑色记号笔，直接勾勒线条，使画面取得不一样的效果。

【幼儿作品欣赏】

请欣赏如图1-3-10、图1-3-11所示的作品。

图1-3-10　水彩笔线描作品　　　　　　　图1-3-11　水彩笔线描作品

水墨画技法

水墨画是我国一种具有悠久历史传统的绘画艺术。它以墨色的浓淡变化来描绘对象的色彩关系，从观察到的对象中获取形象特点，利用空间造成虚实相间的艺术效果。幼儿学画水墨画，从小就接触、了解、继承民族的传统绘画形式，对培养他们热爱祖国、热爱大自然的思想情感有着积极的作用。

引导幼儿学画不能急于求成，要根据幼儿的身心特点，着重以线描作为主要的造型手段，舍弃对象的光影明暗，注重形象的神韵，让他们借助毛笔和水墨来表现自己最感兴趣的事物，从而陶冶他们的情操，启发他们的智慧，为将来的学习打下坚实的基础。

工具材料：墨汁、毛笔、调色盘、宣纸、中国画颜料。

墨分五色，浓、淡、干、湿、焦。刚从墨瓶倒出的墨叫做浓墨。往墨里加点水，墨的颜色变淡了，叫做淡墨。干笔用墨为焦墨。先在清水中沾湿毛笔，然后顺着笔尖吸去多余的水分，不滴水，笔含水少为干笔，含水多为湿笔。

基本技法：

1. 用笔：毛笔直立行笔，笔尖在中间运行叫中锋，中锋画出的线条浑重、有力。笔毫侧卧一边运行叫做侧锋，侧锋画出的线条轻快、面大。

2. 用墨：毛笔先蘸淡墨后再蘸浓墨，用中锋画出的线条先浓后淡，用侧锋画出的线条一边浓、一边淡。

用笔、用墨技巧：

1. 笔迹必须用墨色来表现，而墨色随笔出现。

2. 一笔下去既是笔，也是墨，笔墨是从点、线、面三个方面来表现的。

点：用笔尖骤起骤落，大小、形状、浓淡、聚散要有变化。

线：有顺笔、逆笔，画线要画得持重、圆浑、轻巧、流利，有粗细、刚柔、曲直变化。

面：面是大色块，对画面起重要作用，要有浓淡、干湿的变化。

基本用笔、用墨技法：

破色法：先画色，再用墨色覆盖，部分色不压墨，墨不盖色。

勾染法：先用淡墨或淡色勾形，然后用淡墨渲染。

破墨法：先用淡（浓）墨，再用浓（淡）墨破之。

没骨法：不用墨线勾勒，直接用色彩描绘物象。

水粉画技法

幼儿在经过一段时间的彩笔画练习，有了一定的造型及涂色能力后，可开始学习水粉画，通过水粉画技法的学习，来认识色彩，培养审美情趣。

水粉画是培养幼儿色彩美感，提高幼儿色彩审美趣味的重要课程。水粉画颜料用水调色，操作简单，方便快捷，易学，且表现力强，趣味性高。水粉画明快、洒脱、概括，适合幼儿挥洒、涂抹、抒发情感，深受幼儿的喜爱。

水粉是指能用水调和的颜料，加白色能使颜色变浅，具有一定的覆盖力，比较适合幼儿涂抹。幼儿水粉画不需要像成年人那样去研究色彩的冷暖变化，多以平涂为主，以自己的审美意识调配色彩，有装饰色彩的效果。

幼儿学画水粉画有助于帮助他们培养勤动脑、勤思考的好习惯。在画画的过程中，颜色怎样搭配，色彩怎么对比，色调怎样协调，先涂什么，后涂什么，都至关重要，所以更要求小朋友要有一定的统筹安排能力。相对于其他画种来说，水粉画的表达方式更轻松和自由，能直接呈现效果，更能激发学生学习的兴趣。

工具材料：调色盘、水粉笔、水粉颜料。

基本技法：幼儿水粉画的基本技法包括平涂、点彩法、构成法、薄画法、厚画法等。

平涂法即勾线添画法，先用稍细的水粉笔或油画棒用单色画出物体的轮廓线，再把颜色平涂在轮廓线内即可。画面特点：平面直观，色彩整体，单纯平稳。这也是孩子比较喜欢的方法，简单易懂。

点彩法源于19世纪后印象派画家修拉的分色点彩法。用各种大小、形状的密集的小色点组成背景或物象，给人一种闪烁、跳跃的色彩感受，增强了色彩的趣味性，孩子很容易接受。

构成法不画真实的物体，用随意勾画的交叉线条或几何形的组合形成视觉上的图像。它的特点是平面性、自由性、趣味性。此法让孩子能自由随意组合线条，并能大胆搭配色彩。

薄画法也叫做透明画法，指调色时用色少一些，用水多一些，在画纸上显露出纸的底纹。它的特点是：渗洇的感觉比较好，色彩的自然融合好，有水彩画的透明、轻快、湿润感，给人以水色淋漓的感觉和诗意般的情味，特别适合表现雨后或晨曦的景物，游戏玩耍味十足。但由于薄画法需要很好的控制水、色的能力以及画画的经验，画好是不易的。

厚画法用色较浓重，具有油画般的淳厚，并有较强的覆盖力，能表现出真实物体的丰富色彩效果。且笔触、画痕明显，绘画性特点十分突出，对色彩的表现力也大为增加，适合于个性化表现的幼儿。与薄画法相比，厚画法更易于幼儿掌握。

值得一提的是，油画棒加水粉是一种很好的着色方法，尝试用不同的方法可增强孩子的好奇心，激发孩子绘画的兴趣。

幼儿版画

幼儿版画是少儿美术教育的重要组成部分，它是手工和绘画的综合体，对幼儿动手动脑及创新能力、实践能力的培养是其他课业形式所不能替代的。

1. 工具材料

吹塑纸、圆珠笔、水粉画颜料（或浓缩广告画颜料）、橡胶辊（可用橡皮管、木棒等自制）、油画棒、毛笔等。

吹塑纸质地较软，用圆珠笔用力在吹塑纸上划过，其表面即可留下大小、宽窄不同的点、线、面，可制作出丰富多彩的版画效果。水粉颜料（或浓缩广告画颜料）代替油墨便于幼儿独立操作及课后清洗。

吹塑纸是做基底版面的材料，它分为两种，一种是双层，另一种是单层，要求平整，无断裂，有折皱也可使用。

2. 基本制作方法

（1）画稿

在教师的指导下，学生根据自己的生活感受（或写生）画出稿子（如校园生活、乡村风情等）。画稿时，教师应结合范图，讲构成画面线条的疏密关系：画面中，哪些地方线条最密集，哪些地方线条最稀疏，哪些地方线条不稀不密（即构成画面的黑、白、灰关系）。在幼儿园教学过程中，可用直观图像讲解。

（2）刻版

将画好的稿子用泡沫水彩笔直接画在吹塑纸上，画得不满意的地方，可以用湿布轻轻擦去。画好后用圆珠笔（或竹签、铁钉等）用力刻画，由于吹塑纸质地较软，用圆珠笔划后成凹痕，线条密集的地方，用力凹下去形成凹块，线条稀疏的地方就形成灰色。

（3）印制

用胶辊将水粉画颜料（或浓缩广告画颜料）在平板上来回滚动，使胶辊表面均匀受色（颜料中不能加水太多），辊在刻好的板子上（根据需要，可随意调整各种颜色），使吹塑纸版画受色均匀（吹塑纸上的色不能太少），然后用图画纸或宣纸覆盖在吹塑纸上，稍用力压印，完成作业。还有一种印制方法，用毛笔调水粉色填在吹塑纸上，然后将事先作了底色的图画纸压印在吹塑纸上，填一种色，印一种色，逐一将画印完，这种方法印的版画叫做粉印版画，该方法已被广泛采用。以上制作方法，用吹塑纸代替木板，用圆珠笔代替木刻刀，用浓缩广告画颜料代替油墨，降低了制作的难度，缩短了幼儿版画制作时间，使学生在课堂、课外及家里均能进行版画创作。

3. 版画特殊效果的表现技法创新

幼儿作画本无定法，但教师指导幼儿作画是有一定方法的。在教学过程中，利用多种方法表现出吹塑纸板制作的版画效果，能有效地提高幼儿用吹塑纸作版画的表现力和对版画的兴趣。

粉印添彩版画：先按单色版画的印法印制一张版画，待色干后，将局部（背景）用毛笔直接填上彩色。用该种方法制作的版画，整个画面具有丰富的色彩感觉，易于幼儿学习和掌握。

（1）将画稿直接刻划到吹塑板上，刻画的线条要稍粗、稍深些。为了得到一些特殊的效果，可以用各种硬物进行刻画、按压、撕揭，等等。

（2）滚印白色浓缩广告色，滚印时在滚筒上要均匀地滚满颜色，要薄而匀。

（3）覆上黑色卡纸，磨印。

（4）用油画棒添彩（注意添色时颜色不要涂在黑线上），颜色要涂得均匀，稍微用力，最后完成。

幼儿版画制作具有游戏性，需要在宽松、愉快的环境中制作。在引导幼儿学版画的过程中，不能像成人作版画那样，严格遵循各细节。因地制宜，因材施教尤为重要，以上版画的制作过程，工具材料简单，制作方法简便，适合幼儿的年龄和心理特点。几种特殊效果的表现方法极大地满足了幼儿的好奇心和求知欲，增强了版画的艺术感染力，能使幼儿对版画保持持久的兴趣。

【幼儿作品欣赏】

请欣赏如图1-3-12至图1-3-28所示的作品。

图1-3-12

图1-3-13

图1-3-14

图1-3-15

图1-3-16

图1-3-17

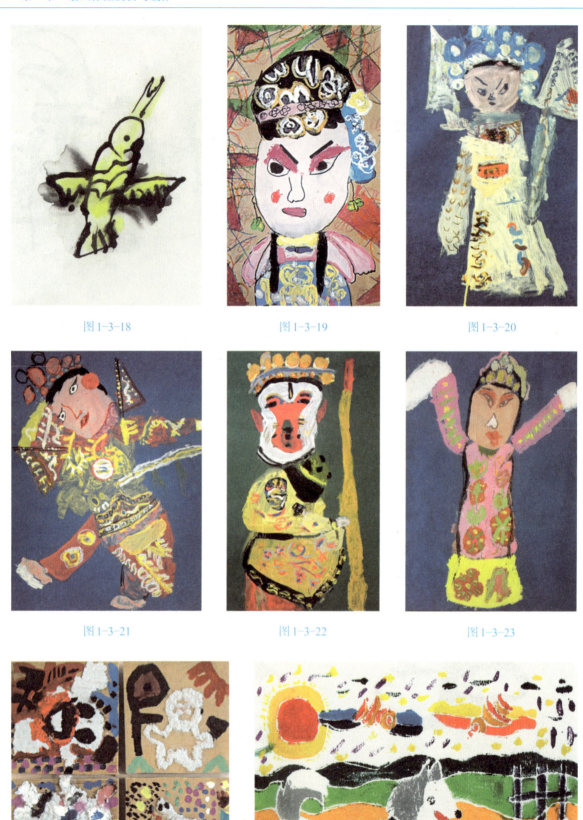

图 1-3-18 图 1-3-19 图 1-3-20

图 1-3-21 图 1-3-22 图 1-3-23

图 1-3-24 图 1-3-25

图1-3-26

图1-3-27

图1-3-28

【知识拓展】

　　"幼儿园各领域的内容是有机联系、相互渗透的。"在绘画活动中应将"表现"与"表达"有机结合，激发幼儿兴趣，启迪思维，大胆创作，加深对作品的理解。例如，利用主题讨论法加强语言表达能力。如画《我的妈妈》中，教师提出问题："你们的妈妈长得什么样？发型是什么样的？最喜欢干什么？"幼儿纷纷讲述着最熟悉的亲人："我的妈妈可漂亮了，卷卷的头发……"老师说："请你们将你们眼里的妈妈画下来！"再例如，利用自由联想法拓宽想象思维，有情节的故事往往能引起幼儿的绘画兴趣和愿望。比如在画大象时，给幼儿讲大象的故事，包括大象的生活环境及帮小兔采果子，帮小猴搬木头等情节，大象还帮助谁做什么事呢？充分调动幼儿的想象力和学习的积极性。这样既有助于丰富孩子的表现，又能促进语言表达，提高鉴赏的能力与水平，做到言之有物。

【知识小结】

　　本小节主要介绍了几种具体的绘画材料及技法，每一种材料及技法都能够给幼儿带来不同的感受和审美乐趣。充分运用不同的绘画材料使幼儿在活动中得到身心发展和知识积累，培养和提高幼儿的综合能力是教育的最终目的。

【思考、讨论、实践】

　　1. 观察幼儿园不同年龄班级的绘画作品，举例分析其作品的成功之处。

2. 创作不同材料及内容的绘画作品，加强对基本技法的掌握和培养创新意识。

【本小节在幼儿园教学活动中的应用】

不同的绘画材料和内容可以很好地调动幼儿的兴趣和积极性。幼儿可以通过对一件事物的描绘加深对物体形状、颜色、空间体量的感受和表现，逐步培养对绘画基本元素的应用和审美，加强对美的形式的学习。运用不同的绘画材料和技法语言创造性地教学可以使学生的素质不断提高，同时也提高了对幼儿教师的素质要求。

第二章　工艺美术作品赏析与创作

【学习提示】

1. 了解中外传统工艺美术作品的概况。
2. 对学前教学中工艺作品与传统手工艺作品进行比较赏析。
3. 参照传统工艺作品，进行与学前教学相关的多种材料的创意和制作。

【关键词】

传统手工艺　材料　方法　创意　创作

第一节　传统工艺美术作品赏析

一、中国的传统工艺美术作品赏析

传统工艺是指世代相传，具有百年以上历史以及完整工艺流程，采用天然材料制作，具有鲜明民族风格和地方特色的工艺品种和技艺。中国是拥有悠久历史和灿烂文化的多民族国家，中国的手工艺品有独特的艺术魅力。几千年来出现了许多精彩纷呈的手工艺品种类，传统工艺类别包括陶瓷制作、染织技艺、金属工艺加工、髹漆技艺、编织扎制、雕塑技艺、家具制作、文房四宝制作、印刷术、刻绘技艺、工具器械制作、特种技艺等。民间工艺美术植根社会最基层，在不同的民族、不同的地域生生不息，构筑了基础雄厚的大众文化底蕴，并对其他文化艺术产生了深远的影响。

我国的传统工艺品种类及地域分布如表2-1所示。

表2-1　我国的传统工艺品种类及地域分布

地区		传统工艺品种类（工艺美术及民间工艺）
华北	北京市	北京补花、北京玉器、象牙雕刻、雕漆、金漆镶嵌、景泰蓝、烧瓷、绢花、绢人、绒鸟、宫灯、北京风筝等
	天津市	艺术挂毯、地毯、象牙雕刻、天津铝板漆、蜡制品、杨柳青年画、天津泥人、天津风筝等
	河北省	唐山喷漆、涿州丝毯、蔚县窗花、纸马、彩蜡染、武强年画、曲阳石雕、衡水内画等
	山西省	山西皮影、山西彩色泥塑等
	内蒙古自治区	内蒙古银器等
东北	辽宁省	辽宁贝雕、沈阳羽毛画、大连薄木镶嵌画、釉岩玉雕等
	吉林省	安绿石雕、美术玻璃、北山手杖等
	黑龙江省	哈尔滨麦秸画等
华东	上海市	上海绣衣、绒线编制、戏衣、工艺绣花、上海玉器、绢花、嘉定竹刻、顾绣等
	江苏省	苏州双面绣、南通彩锦绣、南京云锦、苏州宋锦、漳绒、缂丝、常熟台布、苏州黄杨木雕、扬州玉器、宜兴紫砂陶器、靖江竹编、扬州漆器、扬州剪纸、扬州布绒玩具、南通家织土布、南通蓝印花布、年画、民间竹玩具、无锡泥人、南通风筝、扬州红象、无锡纸马等

续表

地区		传统工艺品种类（工艺美术及民间工艺）
华东	浙江省	温州瓯雕、青田石雕、龙泉青瓷、嵊州竹编、东阳竹编、临海竹刻、台州麻编、宁波骨嵌、泰顺木玩具、西湖绸伞、宁波朱金漆木雕、金石篆刻等
	安徽省	芜湖挑花布、徽州三雕等
	福建省	厦门珠绣、寿山石雕、莆田龙眼木雕、黄杨木雕、德化瓷塑、泉州竹编、泉州涤纶花、福州脱胎漆器、福建漆画、漳州年画、泉州料丝灯、惠安石雕、漳州木板年画、木偶头雕刻等
	台湾省	烧陶、木雕、石雕、竹藤、细金银等
	江西省	江西漆画、景德镇瓷器、湘东傩面具、婺源三雕等
	山东省	玉米皮编、博山料器、博山琉璃、博山内画、嘉祥彩印、陶枕、潍坊年画、济南竹签面人、高密扑灰年画、杨家埠木板年画等
华中	河南省	安阳民间竹玩具，浚县泥塑动物造型、朱仙镇木版年画等
	湖北省	湖北木雕、贝雕、汤有益面塑、黄梅挑花等
	湖南省	湘绣、浏阳石雕、醴陵釉下彩、侗锦、土家锦、滩头门神、花瑶挑花、滩头木版年画等
华南	广东省	粤绣、潮州抽纱、金木雕、枫溪镂雕瓷器、石湾陶塑、草编、佛山年画、佛山五角针口灯、佛山大走马灯、佛山扎作、舞龙、佛山狮头舞具、佛山手绘大龙衣、佛山手绘神像、佛山剪纸等
	广西壮族自治区	苗族银首饰、壮锦、彩线巧粽、烟丝袋、融水苗族芦笙、柳州绣球等
	海南省	黎锦、椰雕工艺、贝壳工艺等
西南	四川省	蜀绣、蜀锦、瓷胎竹编、四川漆器、彝族漆器、倒糖饼、梁平木版年画、绵竹木版年画等
	贵州省	侗族绣、苗族绣花、苗族羽毛花布、贵州砂器、安顺地戏面具、绒绣、贵阳小布人、水族马尾绣等
	云南省	傣锦、云南陶器、建水青花瓷、木马玩具、傣族织锦、傣族剪纸等
	西藏自治区	西藏地毯、唐卡、热贡艺术等
西北	陕西省	鱼化寨泥偶、陕西花馍、莲花灯、陕西皮影、小猫香包、临潼飞鸟、西安穿罗绣、安塞剪纸、凤翔木版年画、凤翔彩绘泥塑等
	甘肃省	甘肃皮影、狮子绣球、香包、临夏砖雕、夜光杯雕、庆阳香包等
	青海省	西宁地毯、湟源排灯、塔尔寺酥油花等
	宁夏回族自治区	宁夏机绣、贺兰石刻等
	新疆维吾尔自治区	新疆陶器、民族乐器、民族手工艺、桑皮纸等

（一）多姿多彩的瓷器

　　瓷器是中国古代的伟大发明之一，"瓷器"与"中国"在英文中同为一词，充分说明中国瓷器的精美绝伦完全可以作为中国的代表。高级瓷器拥有远高于一般瓷器的制作工艺难度，古代皇室中也不乏精美瓷器的收藏。作为古代中国的特产奢侈品之一，瓷器通过贸易传到多个国家。精美的古代瓷器作为具有收藏价值的古董被大量收藏家所收藏。

　　中国的部分瓷器如图2-1-1至图2-1-4所示。

图2-1-1

图2-1-2

图2-1-3

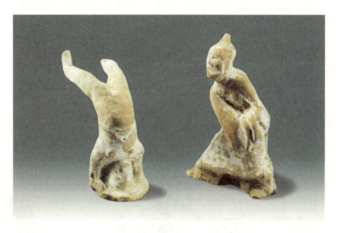

图2-1-4

（二）绣织工艺

　　根据工艺技法的差别，绣织工艺中的"绣"，除蜀绣、苏绣、粤绣、湘绣四大名绣外，还有彩锦绣、挑花绣、补绣、辫绣等。

　　绣织工艺品如图2-1-5、图2-1-6所示。

图2-1-5

图2-1-6

（三）金属工艺

金属工艺品如图2-1-7和图2-1-8所示。

图2-1-7　　　　　　　　　　　　　　　　　　图2-1-8

（四）编织扎制

编织工艺中有竹编、草编、棕编、麦秆编等。

编织工艺品如图2-1-9和图2-1-10所示。

（五）雕塑技艺

如根据原材料质地的不同，雕刻工艺可分为牙雕、玉雕、石雕、珊瑚雕、木雕、竹雕、驼骨雕、牛骨雕、铜雕、铜刻、丝刻、砖刻、金石、印纽雕刻等多种类别。西汉茂陵霍去病墓的大型石刻，是具有无穷艺术魅力的古代石雕艺术珍品。这批作品构思超凡，题材多样，富有大自然的山野情调，意象博大深沉。特别在表现各种动物的造型上，惟妙惟肖，生动传神，皆蕴涵着饱满的生机，或腾跃或宁息，生态万般，无不各具其妍，韵致宛若。质朴而有灵趣，力雄风雷，气势浑厚磅礴，有着强烈的艺术感染力。

图2-1-9

图2-1-10

雕塑工艺品如图2-1-11至图2-1-14所示。

图2-1-11

图2-1-12

图2-1-13

图2-1-14

（六）建筑设计

建筑类型主要有宫殿、坛庙、寺观、民居和园林建筑等。中国传统建筑结构形式最具代表性的有抬梁式与穿斗式两种：抬梁式即屋基上立柱，柱上架梁，梁上放短柱，其上再放梁，层叠而上；穿斗式即由柱径较细、柱距较密的落地柱与短柱直接承檩，柱间无梁而用若干穿枋联系，并以挑枋承托出檐。

建筑工艺品如图2-1-15至图2-1-19所示。

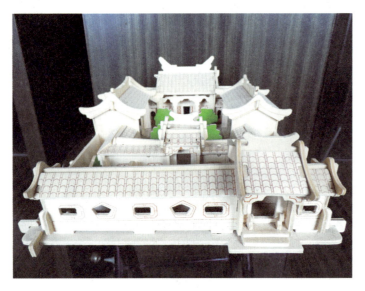

图2-1-15

图2-1-16

图2-1-17

图2-1-18

图2-1-19

（七）文房四宝

中国书法和绘画用的宣纸、书画纸等，仍然有保留和发展的实际意义。现在，比较有名的手工纸有宣纸、皮纸、绵纸、书画纸，以及毛边纸、元书纸、连史纸、玉扣纸、海月纸、桑皮纸等。这些手工纸的主要特征为：纸质匀细、轻盈柔软、吸水性强，适用于书写毛笔字和绘制中国画。此外，手工纸还用于印刷书籍、拓印碑帖、制作扇面、装裱字画、包裹物品、加工爆竹等。

（八）印刷术

中国发明了活字印刷术，印刷技术的普及渗透到社会生活的方方面面。印刷技术在社会生活中的运用如图2-1-20和图2-1-21所示。

图2-1-20

图2-1-21

（九）刻绘技艺

刻绘，是指在雕塑中，把木材、石头或其他材料依据线稿雕出预期的纹样。刻绘用工具主要有刀、凿子、圆锥、扁斧和锤子等。

刻绘工艺品如图2-1-22和图2-1-23所示。

图2-1-22

图2-1-23

（十）民间工艺

民间工艺中有剪纸、风筝、花灯、泥人、面人、糖人、料器制品等，还有丽江木刻、桦皮工艺、漆器工艺、兽皮工艺、砚石工艺、竹编工艺、漆器陶具、玉器工艺、大理石工艺、土家族黄杨木雕、瓷器、风筝、剪纸、麦秆画、年画、铅笔屑画、唐卡、拓真画、银饰、纸编画、苏绣、鱼皮衣等。内容大都是活泼向上、吉祥如意、健康长寿、富贵有余、儿孙满堂等，用于民间传统节日和民族饰品等。这些民间工艺品流传广泛，生动有趣，代表了中国人的传统文化和日常活动。

在姹紫嫣红、琳琅满目的民间工艺品中，"龙凤呈祥""吉（鸡）庆有余（鱼）""麻姑献寿""天女散花"等一些象征喜庆、吉祥、延年益寿、幸福和平的题材常被反复表现，而且备受欢迎。拿剪纸来说，它凝聚着中华民族深厚的情感和心理意识，堪称民族艺术的瑰宝。纸是中国的四大发明之一，在发明造纸之前，不会有真正的剪纸。用其他薄片材料剪刻镂花，却在有纸之前，如汉代的金银箔刻花。目前发现最早的剪纸实物，是新疆吐鲁番火焰山附近出土的北朝时期（386—581）五幅团花剪纸。这几幅剪纸，采用重复折叠的方式和形象互不遮挡的处理手法，与今天的民间团花剪纸极其相似。

（十一）年画

年画是我国的一种古老民间艺术，和春联一样，起源于"门神"（图2-1-24）。东汉蔡邕《独断》记载，汉代民间已有门上贴"神荼""郁垒"神像。到了唐代，画目繁多，年画在构图和用色敷彩上已达到相当高的水平。到宋代演变为木版年画。年画的种类约可分为版画、刻纸、纸绘三种。版画是以木刻图案，再按图上色而成。特别是天津的杨柳青、山东潍坊的杨家埠、江苏苏州的桃花坞、河南开封的朱仙镇，是我国四大著名的历史木刻年画产地。

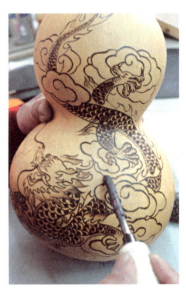

图2-1-24   图2-1-25

（十二）烙画

烙画这门独特的艺术形式，以其别具匠心的表现手法和凹凸有致的肌理效果，成为艺术界一朵璀璨的奇葩（图2-1-25）。烙画古称"火针刺绣"，近名"火笔画""烫画"等，是中国古代一种极其珍贵的稀有画种。据史料记载，烙画源于西汉，盛于东汉，后由于连年灾荒战乱，曾一度失传，直到光绪三年，才被一位叫"赵星"的民间艺人重新发现整理，后来，逐渐形成以河南、河北等地为代表的几大派系。

（十三）脸谱和面具艺术

脸谱起源于原始图腾（约公元550年），后来逐渐演变成艺术化的戏剧脸谱，是中国特有的古老艺术。在长期发展的历史岁月中，广泛应用于工艺美术中，比如彩塑、国画、剪纸、竹刻、烧瓷、面塑、蜡染、风筝、面具、蛋壳、皮影、木偶、邮票以及装饰包装等，都有丰富多彩的脸谱造型，格调各异，绚丽多姿（图2-1-26，图2-1-27）。

图2-1-26

图2-1-27

其他中国传统工艺品如图2-1-28至2-1-38所示。

图2-1-28　皮影艺术

图2-1-29

图2-1-30

图2-1-31

图2-1-32

图2-1-33

图2-1-34

图2-1-35

图2-1-36

图2-1-37

图2-1-38

二、国外的工艺美术作品赏析

（一）国外的传统工艺美术作品鉴赏

国外的传统工艺品如表2-2所示。

表2-2 国外的传统工艺品

地区		传统工艺品种类（工艺美术及民间工艺）
北欧	瑞典	时钟、手工吹制艺术玻璃和水晶、纺织品等
	挪威	针织毛衫、装饰画、民族乐器、哈当厄尔绣花等
	芬兰	艺术地毯、海盗纸模型、风车工艺等
	丹麦	瓷器、玻璃器皿、纺织品、珠宝、银器、木雕、家具等
	冰岛	纺织品、玻璃、编织及雕刻、玩具、毛织及皮革等
南欧	阿尔巴尼亚	掐丝、木雕、铜刻花瓶、皮革制品、地毯工艺品等
	葡萄牙	陶器、橄榄木雕刻、瓷砖、刺绣、编织等
	西班牙	手工编织地毯、皮具、纺织品、木制品、彩绘陶瓷等
	意大利	青铜器、陶器、壁挂、挂毯、艺术雕塑、珠宝设计、银制品等

续表

地区		传统工艺品种类（工艺美术及民间工艺）
南欧	罗马尼亚	彩陶釉、木雕等
	保加利亚	纺织品、木雕、陶器、编织、铜器、刺绣等
东欧	俄罗斯	俄罗斯套娃、小型精细画、桦树皮画、手工镀金器具、陶艺、木雕等
中欧	波兰	陶器、铁艺等
	德国	银器等
	捷克、斯洛伐克	烧陶、刺绣、玩具、天然宝石雕、金银首饰、水晶玻璃等
	匈牙利	刺绣、陶器等
大洋洲	新西兰	木雕等
	澳大利亚	马赛克镶嵌艺术、琉璃玻璃、木制品、软陶等
北美洲	加拿大	雕塑、版画、珠宝、餐具等
	古巴	木雕等
	美国	地毯、串珠、陶器、雕刻、棕榈娃娃、乐器、鹿皮鞋、版画、编织等
亚洲	韩国	漆器、陶器、铜器、建筑、韩服等
	印度	蜡染、石雕、玻璃艺术等
	伊朗	印花布、民族乐器、银饰、波斯绘画、镶嵌工艺、陶器、木雕等
	印度尼西亚	蜡染、木雕、陶器、印尼纺织等
	日本	折纸艺术、盆景、文乐（传统木偶剧）、花道、玩偶、浮士绘、建筑、和服、编制艺术、书法等

1. 瓷器工艺

瓷器工艺品如图2-1-39至2-1-42所示。

图2-1-39　五角形容器

图2-1-40　土耳其圆盘

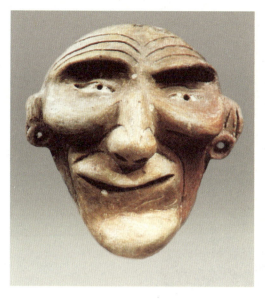

图2-1-41 神祇面具 图2-1-42 希腊瓷瓶

2. 欧洲瓷器

欧洲瓷器如图2-1-43和图2-1-44所示。

图2-1-43 图2-1-44

3. 染织工艺

染织工艺是传统染布工艺与编织工艺的合称。

传统地毯编织如图2-1-45所示。

图2-1-45

4. 金属工艺

金属工艺是中国工艺的一个特殊门类，主要包括景泰蓝、烧瓷、包金、错金、冲线错金、金花丝镶嵌、斑铜工艺、锡制工艺、铁画、金银首饰饰品等。

金属工艺品如图2-1-46和图2-1-47所示。

图2-1-46

图2-1-47

5. 日本漆器工艺

日本漆器一般髹朱饰黑或髹黑饰朱，以优美的图案在器物表面构成一个绮丽的彩色世界。

日本漆器工艺品如图2-1-48所示。

图2-1-48

6. 编织扎制

编织指把细长的东西互相交错或钩连而组织起来，扎制指通过旋转缠绕使材料形状改变或联结在一起。

编制扎制工艺品如图2-1-49~图2-1-52所示。

图2-1-49

图2-1-50

图2-1-51

图2-1-52

7. 雕塑技艺

雕塑技艺是以木、石、砖、竹、象牙、兽骨等材料雕刻的和以粘土、油泥、糯米面等材料塑造而成的小型或装饰性手工艺品。

日本木雕如图2-1-53所示。

图2-1-53

8. 澳大利亚马赛克镶嵌画

马赛克镶嵌画是指用瓷砖和陶器铺成精美图案的一种镶嵌装饰工艺。

澳大利亚马赛克镶嵌画如图2-1-54所示。

图2-1-54

9. 其他国外工艺品

在儿童的生活中，需要一种廉价的、简单的工艺让他们获得满足。丹麦工艺最复杂的剪纸和折叠，可以修改后呈现给孩子们。只需剪刀、基本的模板和剪裁纸，儿童们就可以享受数小时的乐趣。

"香皂（soap）"这个词起源于古罗马的一个传说。在古罗马，油脂、油膏、草灰、化妆品使用很普遍，但没有证据证明香皂是作为清洁用品使用的。不过，有一种专业的工具——"刮擦板"用来刮掉涂在身上的油脂，同时刮掉的也有身上的灰尘。早在公元前2500年，在底格里斯河和幼发拉底河（现在的伊拉克南部）边的一些陶板上就提到了香皂的使用。这时候香皂很可能首先不是用来清洗的，而可能是用来固定发型或治疗外伤的。维苏威火山在公元前79年的喷发摧毁了意大利的庞贝城。后来在该城的发掘中，发现了一个完整的香皂工厂的遗址，包括在坚硬的火山熔岩中完整保存下来的一块块香皂。

各种造型的香皂如图2-1-55所示。

日本人似乎对传统手工艺情有独钟，对工艺技巧有着天生的领悟力。他们的作品体现了其特有的民族性，创作上严肃认真，善于探索，具有高度的责任感。在继承优秀的传统风格时，又带有浓厚的时代气息。日本的

图2-1-55

现代手工艺丰富多彩，具有鲜明的民族特色，日本人把传统的"娃娃"称作"人形"，在中世纪时，它是孩子们喜爱的玩具，但是到了17世纪，则更多地被用于装饰。至今仍然有300多名传统手工艺人在京都从事玩偶的加工生产。他们中的很多人出生于玩偶制作世家。大桥一保就是从父亲那里继承了这门手艺的，至今他从事玩偶制作业工作已经50多年了（图2-1-56、图2-1-57）。

图2-1-56

图2-1-57

与幼儿美术相关的传统工艺作品有木版年画、扑灰年画、纸马、铁画、烙烫画、彩蛋画、羽毛画、炕围画、民间艺人画、寺观壁画、内画、彩绘、漆绘、泥塑、面塑、糖塑、吹糖人、糖画、蜡塑、雕塑、瓯塑、灰塑、石雕、木雕、砖雕、竹雕、贝雕、骨雕、角雕、牙雕、蛋雕、根雕、果皮雕、果核雕、煤精雕、瓷刻、软木画、微雕、砚、木偶、皮影、陶器、瓷器、漆器、料器、玉器、景泰蓝、琉璃、金属工艺、榫槽、画像石画像砖、蜡染、扎染、夹染、蓝印花布、刺绣、织锦、编织、布艺、纸艺、剪纸、风筝、灯彩、扇子、伞、脸谱、面具、饰物、玩具、麦秆画、年画、铅笔屑画等。

幼儿阶段应该欣赏符合幼儿审美心理、贴近幼儿生活的工艺美术作品。在幼儿教学、游戏中，很多精致的玩教具既具有教学功能，也具备装饰性，比如布偶娃娃、皮影、面具、脸谱、头饰等。这些手工艺品的制作结合了绘画、手工等多种知识要领，是学前教育教师必备的技能之一。在制作过程中，需要注意的是作品要造型生动、简洁，色彩丰富，材料安全，与幼儿生活相贴近。

（二）与幼儿相关的传统工艺美术作品赏析

幼儿参与审美的传统工艺美术作品很广泛，色彩丰富、形式感较强、主题或功能与幼儿有关的工艺美术品，都能够给幼儿提供鉴赏材料。

幼儿赏析的美术工艺作品的分类标准有很多，包括按材料分类、按制作工艺分类、按造型物占有空间形态分类、按手工作品用途分类等。从使用材料的物理性质上划分，有纸工、泥工、布工、竹木工、金石工、塑料工、废旧品工等。从使用材料的形态上划分，有点状材料、线状材料、面状材料、块状材料等。从制作工艺上划分，有编织、刺绣、印染、雕刻、插接、模具等。从造型物占有空间形态划分，有平面造型、立体造型等。从手工作品用途上划分，有玩赏类工艺品、实用类工艺品、装饰类工艺品等。

综合现代幼儿的审美心理特点，能够成为幼儿赏析对象的可以分成以下几类：

1. 幼儿喜爱的玩赏类传统工艺美术作品

幼儿喜欢的玩赏类传统工艺美术作品如图 2-1-58 至图 2-1-78 所示。

图 2-1-59

图 2-1-58

图 2-1-60

图 2-1-61

图2-1-62

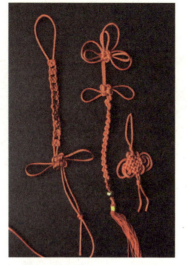

图2-1-63

图2-1-64

图2-1-65

图2-1-66

图2-1-67　蝈蝈笼子

图2-1-68

图2-1-69

图2-1-70

图2-1-71

图2-1-72

图2-1-73

图2-1-74

图2-1-75

图2-1-76

图2-1-77   图2-1-78

2. 在实用品设计中加入趣味性元素的传统工艺美术品

将实用性与审美性结合起来，并加入可供幼儿把玩的趣味性元素，也能成为幼儿进行美术鉴赏的材料。如图2-1-79的茄子，在经雕刀雕刻后成为充满想象力的鞋子了。

图2-1-79

3. 具有新颖艺术形式感的传统工艺美术作品

抽象的造型、色块的分割、多种材料的综合运用，融合了现代绘画元素、现代思维特征的形式感鲜明的艺术作品，越来越多地出现在幼儿生活领域中，也是非常好的鉴赏材料（图2-1-80~图2-1-85）。

图2-1-80   图2-1-81

图2-1-82

图2-1-83

图2-1-84

图2-1-85

在质感上能够引起幼儿兴趣的传统工艺美术品也能激发幼儿欣赏的兴趣，比如绒毛制品、玻璃制品、泥塑制品（图2-1-86、图2-1-87）。

图2-1-86

图2-1-87

4. 用生活中的实用品加工制作的工艺美术作品（图2-1-88~图2-1-91）

图2-1-88

图2-1-89

图2-1-90

图2-1-91

　　生活中的废旧物品或工业废料也可以加工成美观的工艺品，在制作过程中，需要创作者善于发现，精细处理，具有"依形造物"或"用料取材"的想象力（图2-1-92、图2-1-93）。

（三）幼儿传统工艺美术作品的创作方法

1. 幼儿传统工艺美术作品创作步骤

　　制作工艺美术品的方法多种多样，无论用何种方法，都要有作品效果图定稿、材料选择、加工制作等几个过程。效果图要经过草图、色稿、效果稿几个阶段。定好效果图后，要根据效果的需要来选择材料，体现质感，表达感受。在制作过程中，需要思考技术要求、制作步骤、制作难点等。工艺品完成以后还需要推敲、整理、精加工，甚至要根据市场要求在样品的基础上反复修改（图2-1-93）。

图 2-1-92   图 2-1-93

2. 幼儿传统工艺作品创作要领

（1）时代性。突出时代特点，无论色彩、形式、内容，都应根据时代的特点进行设计，以符合现代幼儿的审美需求。

（2）审美性。无论从造型、色彩来看，幼儿手工艺作品的鉴赏都要以美观作为前提，以提高幼儿的审美能力。

（3）趣味性。幼儿手工艺作品重在生动和有趣，最好能看、能玩、能听，让儿童的多种感官得到训练。

（4）安全性。作品的安全性能很重要，要注意作品的无毒无害，在功能使用上尽量合理、舒适，以保证幼儿的审美安全。

幼儿传统工艺作品要求材料简单，造型美观，使用方便。下面以制作小帽为例。

首先，准备不太厚的纸张，折叠成长方体，如图 2-1-94 所示。

其次，在纸张的一面粘贴双面胶带，上面覆盖漂亮的布，使用打火机烫烤布的边缘（图 2-1-95）。

接着，减去多余的角度部分，开始缝合。

图 2-1-94   图 2-1-95

最后将小卡子和塔吉克族的帽子用热熔胶枪固定好，给幼儿园小朋友演出使用，这种自己制作的帽子较真正的帽子小很多，幼儿可以固定在头发上，既起到装饰效果，又可以用于节目的表演，在传统的基础上有新的创意（图2-1-96~图2-1-98）。

根据传统软陶土工艺制作的创意手镯作品如图2-1-99所示。

使用纸的各种表现形式制作的作品，使用纸浆固定，制作可爱的卡通造型作品。如图2-1-100~图2-1-109所示。

结绳编织创意如图2-1-110至图2-1-115所示。

装饰画创意、珠贴画创意、浮雕画创意、墙皮画创意如图2-1-116至图2-1-118所示。

图2-1-96

图2-1-97

图2-1-98

图2-1-99

图2-1-100

图2-1-101

图 2-1-102

图 2-1-103

图 2-1-104

图 2-1-105

图 2-1-106

图 2-1-107

图 2-1-108

图 2-1-109

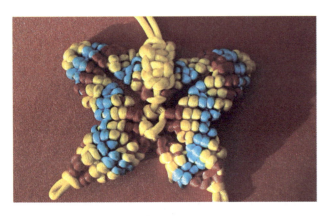

图 2-1-110

图 2-1-111

图 2-1-112

图 2-1-113

图2-1-114

图2-1-115

图2-1-116

图2-1-117

图2-1-118

【知识拓展】

在传统手工艺鉴赏的基础上，现代幼儿的手工艺鉴赏品类越来越丰富。比如布贴完成的服装展示、纸盒粘贴的科技作品展示，甚至孩子们在鸡蛋、椰子壳、石头上图画的作品展示等。这些简单而又随处可见的日用品、工艺品均可以进入孩子们的鉴赏范围。

此外，根据版画和年画的作品再造形象，根据桑皮纸的制作方法，用日常的废旧物品组合加工，也可以制成新颖别致的手工艺作品，成为鉴赏的对象。

我们现在试试用一张纸制作一个灯罩，用来装饰房间的灯。在纸的表面印上精美的橡皮图章。如图2-1-119所示。

图2-1-119

第二节　现代工艺美术作品赏析

一、中国现代工艺美术作品赏析

（一）陶瓷工艺

1. 瓷器工艺

（1）景德镇瓷器：江西省景德镇有"瓷都"之称。景德镇瓷器的质地有四个特点：白如玉、薄如纸、明如镜、声如磬。釉上装饰有古彩、粉彩、墨彩、贴花、描金、戳印花等，釉下装饰有青花、釉里红、刻花等，综合装饰有青花斗彩、珐三彩等，此外还有圆雕、堆雕、捏雕、镂雕等技法。

（2）醴陵瓷器：醴陵位于湖南东部渌水之滨。醴陵的釉下五彩瓷不仅美观大方，而且具有耐摩擦、耐酸碱、无铅毒、永不褪色的优点。色彩缤纷，浓而不俗，淡而有神。画面光亮平滑，清雅明快，晶莹润泽，具有饱满的水分感。技法上首先选用上等的优质瓷泥做胚胎，在成型前对瓷泥进行沉淀、滤渣、吸铁等加工，以保证瓷泥不掺其他杂质。瓷体打磨轻薄、平滑，然后彩绘、上釉、烧制。

（3）邯郸瓷器：位于河北省南部的邯郸，古称磁州窑。磁州窑主要生产人民生活需要的各种日用器皿，如碗、盘、瓶等。其装饰以黑白对比为主要特点，有画花和刻花两种。画花是在施白化妆土或黑釉的瓷胎上用斑化作绘料画出花纹，称为铁锈花。刻花则是剔刻出底色，使之产生白与黑的色彩对比的一种装饰手法。

（4）淄博瓷器：山东淄博瓷器品种丰富。代表性装饰有雨点釉、珍珠釉、豹花釉等。

（5）唐山瓷器：河北唐山有洁白的细瓷、优质的骨灰瓷等，装饰以新彩为主。

2. 陶器工艺

（1）宜兴陶器：江苏省的宜兴，被誉为"陶都"，紫砂陶是其代表产品，以茶具最为有名，另还有钧陶和精陶。紫砂、钧陶、精陶、青瓷、彩陶被称为宜兴的"五朵金花"。

（2）石湾陶器：广东石湾以陶塑最为有名，近年来还发展了各种花釉瓷。

（3）荣昌陶器：四川荣昌的陶土分红、白两色，或混合为金黄色，装饰手法有画花、堆贴、铁线划花等。

此外，还有云南建水、广西钦定的无釉磨光陶，安徽界首的彩釉陶，湖南铜官的彩陶，湖北麻城的褐釉陶，黑龙江绥棱的镂空黑陶，以及河南洛阳的仿唐三彩等，都各有独特的艺术风格。

（二）染织工艺

1. 丝绸

在我国的丝织工艺中，南京的云锦、成都的蜀锦、杭州的织锦缎、广西的壮锦、苏州的缂丝，都是著名的品种。

（1）云锦：云锦的创作方法，可以概括为"量体定格，依材取势，行枝趋叶，生动得体。宾主呼应，层次分明，花清地白，锦空匀齐"。云锦可以作为家居装饰面料，如窗帘、屏风、台毯、椅垫、枕套、提包等。

（2）蜀锦：根据蜀锦图案的组织不同，可以分为方方、雨丝、条花、散花等。蜀锦保持了唐代以前经锦的传统特点，是现代唯一用多色经丝与纬线交织起花的一种织锦。

（3）织锦缎：以杭州为主要产地，上海、苏州也有大量生产。织锦缎是以缎纹为底组织，以三种以上的彩丝为纬，织出各种图案。古香缎也是杭州重要的丝绸产品，质地较薄，以花草和亭台楼阁等题材为主。

（4）壮锦：壮锦是壮族生产的一种传统织锦。用棉纱作经线，用彩色丝绒作纬线。具有浓郁的少数民族特色。

（5）缂丝：缂丝是一种悠久的丝织品，宋代就有。可以织制绘画和书法等装饰欣赏品。

此外，还有轻盈透明的纱，坚实耐用的绉，富于弹性的纺，雍容华美的丝绒，都在现代有了新的发展。

2. 印染

印花布是广大人民普遍需要的着装用料。在少数民族的棉织、印染工艺中，瑶族、黎族、景颇族的织花，侗族的棉布，土族的织花被面，苗族、布依族的蜡染等，都很精美。贵州丹寨、黄平、安顺、六枝等地的蜡染工艺也有所发展。

（1）化学纤维和混纺织品：可分为人造纤维和合成纤维。人造纤维如人造丝、人造毛等，用天然纤维素经化学加工制成。合成纤维如维纶、的确良等。

（2）刺绣：随着技艺的演变，我国刺绣工艺形成了苏绣、湘绣、粤绣、蜀绣以及少数民族刺绣等几个系统。

苏绣分为双面绣和乱针绣两种针法。

（3）地毯：地毯是用彩色毛线编织在棉线上的一种工艺品。还有一种用丝线编结的，称为丝毯。我国的地毯生产，主要分布在北方和西北边疆地区。

（三）金属工艺

1. 花丝

花丝是指用金或银制成细丝所做的各种工艺品。花丝的主要产地在北京和成都。

2. 景泰蓝

景泰蓝是指金属胎上嵌丝后再施以搪瓷釉的艺术形式。景泰蓝的制作以北京、上海为生产中心。

3. 斑铜

云南是铜器的传统产地。斑铜则是云南铜器中具有独特风格的一个品种。斑铜因表面有光泽闪烁的自然结晶的斑纹而得名。可分为生斑和熟斑两种。

4. 铁画

铁画的产地主要在安徽芜湖。可以制作小挂件和大型挂屏。

（四）漆器工艺

1. 北京雕漆

雕漆主要工序为雕，主要原料为漆，故名为雕漆。北京雕漆有金属胎和非金属胎两种，前者是珐琅里，后者为漆里。着漆逐层涂积，涂一层，晾干后再涂一层，一日涂两层。涂层少者几十层，多者三五百层，然后以刀代笔，按照设计的画稿，雕刻出山水、花卉、人物等浮雕纹样。

2. 扬州螺钿

根据图案要求，将贝壳切成片或块，平嵌成装饰花纹。因壳片反光，在不同的光线折射下，呈现变幻莫测的色彩。它朴素典雅，黑白分明，别具情趣。

3. 福州脱胎漆器

福州脱胎漆器可分为沉花、平花、浮花三种。沉花是指在漆胎上先贴银箔，然后罩漆打磨推光。平花是指在漆器的表面加以彩绘或雕填。浮花则是高出漆面的堆漆镶嵌。

4. 四川研磨彩绘

四川成都生产漆器历史悠久，包括各种家居日用品。

在全国范围内，还有山西的云雕漆器、贵州的皮胎漆器、山东的嵌银丝漆器，以及四川、云南、贵州、湖南等地的民族漆器。

（五）编织工艺

1. 竹编

竹编的艺术加工方法十分丰富，主要有以下几种：

（1）编织，即用竹丝、篾片，以挑和压的方法构成经纬交织。

（2）车花，将竹节制成一定的形状和装饰。

（3）拼花，利用竹的表面或断面，拼成花形或器形。

（4）穿珠，将竹节制成小段进行穿结。

（5）翻簧，利用竹簧加工制成各种器皿。

此外，在竹编的装饰上，有刻花、烫花、彩漆等。

2. 草编

草编材料有很多，有黄草、蒲草、咸水草、龙须草、蔺草等。北方出产的小麦麦秆可用于编织。上海嘉定为"黄草之乡"，黄草可以加工成提篮、鞋帽、玩具等。

3. 藤编

山藤多产于南方各地，水梨藤、灰藤、花黑藤、盘山藤等。用山藤编织，韧性好，弹力大，可以编织藤席、提篮、灯罩等。此外，四川新繁的棕丝编，河北、江苏的柳条编，两广的葵叶编、芒萁编，以及北方地区的玉米皮编等，各有不同的艺术特色。

4. 绳编

绳编工艺是用不同质感的绳类材料穿插串联，依照一定的编织规律，利用大头针、泡沫板等材料，编织缠结成美观、牢固的装饰性工艺品。

（六）雕塑工艺

1. 牙雕

牙雕是指以象牙为原材料加工制作的手工艺品。

2. 玉雕

玉石质地坚硬，色泽美丽，是一种珍贵的工艺材料。我国出产的玉石有新疆的白玉，云南的翡翠，东北的岫玉，海南的水晶，湖北的松石，台湾、南海诸岛的珊瑚，河南的密玉，杭州的昌化石等，都是雕琢玉器的材料。

3. 木雕

木材质地细腻，色泽美观，可做圆雕、镂雕、深浅浮雕等。

4. 石雕

石雕是指借助石材表面美丽的纹理而进行的雕刻。青山蜡石色泽美丽。

5. 泥面塑

泥人张，是指天津张姓一家的泥塑工艺。泥人张的泥塑具有现实主义的艺术特色，能真实地刻画人物的形象和精神状态，用色敷彩，颇具特色。

惠山泥人，产地在江苏无锡惠山，早期多制作小花囡、车老虎、大阿福一类，泥塑不强调如实描写，而是运用大胆的省略和夸张。

面塑是用面粉做原料，捏塑成各种小型的玩赏物，染以颜色。北京的面人汤，是著名的面塑艺人，他塑造的各种人物，形态生动，色调明快，能将面泥捏得细如线，薄如纸，独具特色。

（七）其他现代工艺

1. 玻璃

玻璃制品熔点低，色泽美丽，成本低廉，很受普通百姓的喜爱。我国的玻璃造型工艺主要有吹制和模压，装饰手法多种多样，有琢磨、扩散、彩虹、施釉等方法。

2. 塑料

塑料是一种新兴的工艺材料，是以高分子化合物为主体的可塑性材料。塑料的造型方法很多，有注塑、搪塑、吹塑、压塑、挤塑等。塑料的半成品和成品均是可以再造的素材，以此可加工制作手工艺品。

3. 剪纸

艺人们用剪刀当笔，描绘他们喜爱的生活。由于地域的不同、生活习惯的区别，剪纸又具有不同的地方特色。如北方剪纸多以蔬菜、瓜果、家畜等为主题，朴质浑厚，刚劲豪放；江南一带则喜用春燕、垂柳、亭桥、帆影，反映江南景色。剪纸常用晕染等方法制作。

4. 综合材料

贝壳镶嵌、牛角镶嵌、羽毛粘贴、麦秆粘贴、植物粘贴、皮毛制作等新鲜、多样化的手工艺作品，丰富了人们的生活。

二、西方现代工艺美术作品赏析

（一）现代工艺作品的分类

第二次世界大战后，欧洲经济飞速发展，科技进步显著，文化艺术出现了繁荣局面。在当代欧美各国中，要数德国、芬兰、美国和英国的工艺美术创作最为繁荣。其工艺品风格大致可归纳为以下几种造型和装饰特点。

1. 传统风格

传统风格使用现代化材料，表现传统工艺美术的造型与装饰，追求怀旧情思和复古意趣。

2. 装饰风格

装饰风格强调手工艺美术作品的装饰功能，忽略材质肌理的展现，但实用功能依然占有相当的比重。

3. 现代风格

现代风格强调手工艺美术作品的材质肌理本身的美感效果，同时考虑到一定的实用功能，但忽略装饰性的表现。

4. 前卫风格

前卫风格无视工艺美术作品的实用功能，强调单纯的"美"和"刺激"，强调"视觉冲击力"和工艺家个性的表现，给人一种有意改变作品材质肌理的感觉。

（二）西方代表国家的现代工艺美术品介绍

1. 德国

作为包豪斯的诞生地，德国现代工艺美术取得了辉煌的成就，特别是以汉堡为中心的德国北部，在继承优秀的手工艺传统的基础上，广泛吸收包豪斯设计作品的精华，创立了崭新的德国现代工艺模式。工艺家在陶瓷、玻璃、染织、金工、木工等方面进行了大胆而有意义的尝试。另外，德国的现代工艺美术能够彻底面向平民百姓，设计制作紧紧围绕人们平凡的日常生活展开，作品经常体现出普通市民朴素的审美情趣。

2. 芬兰

自20世纪50年代以来，芬兰工艺家们创造了一大批被世人公认为经典之作的日常生活用品。

芬兰的现代陶瓷工艺带着强烈的泥土芬芳，与自然生活息息相关。卡伊·弗兰克（Kaj Franck，1911—1989）是现代陶瓷艺术的开拓者之一。他的"基尔塔"日用餐具系列于1953年推出，消费者可以根据需要自由选择，各个品种可以配套使用。比如，盘子可以当做小盆的盖子，可以为晚回家吃饭的人把饭留在烤箱里。他创作的《餐具·典雅的早晨》简洁的造型和合理的功能体现了现代人的审美意识和现代工艺的特征。

芬兰杰出的现代陶瓷工艺家中还有一位善于设计制作被称为"故事鸟壶"的大师——卡提·图奥米宁·尼蒂莱。故事鸟壶造型丰富多变，具有强烈的动感，给人以遐想的空间。

玻璃是芬兰人钟爱的材质。其制作范围有低成本的挤压玻璃、独特的艺术玻璃、彩色玻璃和玻璃装饰品等。著名的埃尔瓦·阿尔托（Alvar Aalto）设计的"莎薇"（Savoy）花瓶成为芬兰现代工艺品的象征，从未断过生产，几乎进入了所有芬兰家庭。

芬兰现代染织工艺具有典型的北欧风格，选料优良、制作精美、色彩绚丽，呈现出大方而高雅的风韵。里特娃·波蒂拉是一位成就卓著的女染织工艺家，她在20世纪80年代给传统的纸绳工艺以全新地位。

芬兰的木工艺制品也享有盛名，森林覆盖着芬兰2/3的土地。在芬兰人的生活中，工具、家具、日用品，甚至还有玩具，几乎都是由木材制作的。芬兰人的很多生活方式几乎都建立在森林的基础之上以及有关的神话传说当中。芬兰现代木工艺作品注重材质肌理的展示，强调自然淳朴的风格。许多作品不仅具有相当的实用价值，而且充满了艺术的情趣。如塔比奥·维尔卡拉（Tapio Wirkkala）于1952年制作的《叶型木盘》，作品整体似一片完整的叶片，线形优美柔润。盘子上的木纹清新自然，与叶片的外形形成了美妙的对比关系，犹如叶脉一样自然流畅。马尔库·科索宁（Markku Kosonen）于1994年制作的《柳条编织篮》，以独特的创意和编织手法营造了一个新奇而充满原始意蕴的世界。像鸟巢一样的柳筐，以自然状态的树枝构成，上面还带有鲜嫩的树叶和绿芽，效果奇特，表达了作者对自然的无限热爱，也反映出生命的可贵。

3. 挪威

挪威的现代工艺在北欧地区独树一帜，风格雄奇、冷峻，并带有很强的个性。在挪威现代工艺中，木工艺和染织工艺成就突出。

挪威的木工艺术除了传统的家具，尚有制作精美的各类器物，这些作品不仅具备实用功能，而且体现着艺术家的个性，看上去似观赏性很强的雕刻。莉维·布拉娃芙善于用木材创作出工艺精湛的项链和富有美感的饰物，这类作品介于雕刻及首饰之间，充满生命的活力，表面细致入微，与人体浑然一体。

挪威常见的染织工艺种类包括黏结羊毛和手工纸的纤维艺术，另外还有材料各异、带有雕刻图形和强烈视觉效果的纺织印花制品，以及古典风格的挂毯和时装等。

4. 其他国家现代工艺

其他国家的现代工艺如表2-3所示。

表2-3　其他国家的现代工艺

国家	代表工艺	风格特征	代表艺术家及作品
美国	石材、玻璃、金属等	表现形式多样富于变化，色彩绚丽，作品充满幽默感和娱乐性，很少具有实用功能	麦克·J.阿辛布莱纳《X》《十字架》 威廉·道格拉斯·卡尔松《对位法》《储蓄》
英国	陶瓷、玻璃等	立体作品占主导地位，造型奇特，做工讲究	基斯·布洛克赫斯特《瓦尔比的回忆》《花粉的头》
日本	染织、陶艺、漆器、竹木工、金工等	构思奇巧、工艺精湛、装饰典雅	高野松山《干漆竹提篮》 栗本《生命体》 西悦子《花边笼》

三、幼儿现代工艺美术作品赏析与创作

幼儿阶段手工艺品的鉴赏主要是符合幼儿审美心理、贴近幼儿生活需要的工艺美术作品欣赏。在幼儿教学、游戏中，很多精致的玩教具既具有教学功能，也具备装饰性，比如布偶娃娃、皮影、面具、脸谱、头饰等。这些手工艺品的制作结合了绘画、手工等多种知识要领，是学前教育教师们必备的技能之一。在制作过程中，需要注意的是作品要造型生动、简洁、色彩丰富、材料安全、与幼儿生活相贴近。

（一）幼儿现代工艺美术作品鉴赏分类

幼儿参与审美的现代工艺美术作品很广泛，色彩丰富、形式感较强、主题或功能与幼儿有关的工艺美术品，都能够提供幼儿鉴赏材料。

幼儿鉴赏的美术工艺作品的分类标准有很多，其中包括按物理性质分类、按材料分类、按制作工艺分类、按造型物空间占有形态分类、按手工作品用途分类等等。从使用材料的物理性质上划分，有纸工、泥工、布工、竹木工、金石工、塑料工、废旧品工等；从使用材料的形态上划分，有点状材料、线状材料、面状材料、块状材料等；从制作工艺上划分，有编织、刺绣、印染、雕刻、插接、模具等；从造型物空间占有形态划分，有平面造型、立体造型等；从手工作品用途上划分，有实用类工艺品、玩赏类工艺品、装饰类工艺品等。

综合现代化幼儿的审美心理特点，能够成为幼儿鉴赏对象的可以分成以下几类：

1. 以幼儿喜爱的动画形象为制作原形的现代工艺美术品

《喜羊羊与灰太狼》《虹猫蓝兔七侠传》、迪斯尼的《米老鼠和唐老鸭》等幼儿喜闻乐见的动画作品成为市场争相创作的工艺品形象。在幼儿美术鉴赏中，也可以出现它们的身影。

如图2-2-1~图2-2-3所示的《米奇和米妮》等，就是用多种豆类和米类完成的以动画形象为制作原形的现代工艺粘贴画。

2. 在实用景观设计中加入趣味性元素的现代工艺美术品

将实用性与审美性结合起来，并加入供幼儿把玩的趣味性元素，这也能成为幼儿鉴赏美术的材料。

如图2-2-4所示的幼儿居室设计，很好地利用了微型角隅空间，家具可以变化摆放，又可以单独欣赏把玩，很好地实现了幼儿手工艺欣赏中实用性和审美感的结合。

如图2-2-5所示的《温馨雅居》中，鞋盒被设计成小小居室，包装纸以及皱纹纸用作桌布和床单、窗帘，屋内的设计充分体现了作者的精美构思和温暖感受。

图2-2-1 豆子粘贴画《米奇和米妮》

图2-2-2 豆子粘贴画《幸福的味道》

图2-2-3 豆子粘贴画《Disney》

图2-2-4 全立体纸雕模型《度假小屋》

图2-2-5 全立体KT板模型《温馨雅居》

图2-2-6～图2-2-8，利用立体纸雕的方法所设计的幼儿园外观环境，也是非常有趣、能够独立欣赏和拆分重组的建筑模型。

图2-2-6 全立体纸雕模型《快乐小镇》

图2-2-7 全立体纸雕模型《我的家》

图2-2-8 全立体纸雕模型《Love House》

3. 在质感上能够引起幼儿兴趣的工艺美术品

质感的新鲜也能引起幼儿鉴赏的兴趣，比如毛绒制品、玻璃制品、泥塑制品等。质感与形象、色彩是同等重要的，因为幼儿要靠看、摸等多种感觉来鉴赏。

如图2-2-9所示的《联想》，由羽毛、线绳等多种材料粘贴组合，造型抽象，色彩对比强烈，材料质感丰富，层次鲜明。

4. 具有新颖艺术形式感的工艺美术作品

抽象的造型、色块的分割、多种材料的综合运用，融合现代绘画元素和现代思维特征的形式感鲜明的艺术作品，越来越多地出现在幼儿生活领域中，也是非常好的鉴赏材料。

图2-2-10所示的用铜丝粘贴填色完成的作品《跃动的旋律》，造型抽象，色彩明快，具有很强的形式感和现代元素。

如图2-2-11所示的瓜子粘贴金鱼，为了突出其华丽绚烂的特点，在色彩单调的瓜子外表涂上美丽的丙烯颜料，从而产生了特殊的肌理质感。

  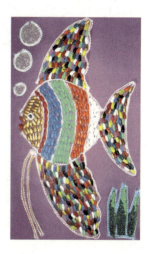

图2-2-9　毛线粘贴画《联想》　　图2-2-10　铜丝丙烯装饰　　图2-2-11　瓜子粘贴画
　　　　　　　　　　　　　　　　　画《跃动的旋律》　　　　　《七彩斑斓鱼》

5. 用生活中的废旧品加工制作的工艺美术作品

生活中的废旧物品或工业废料也可以加工成美观的工艺品，在制作过程中，需要创作者善于发现，精细处理，具有"依形造物"或"用料取材"的想象力。

如图2-2-12的狐狸面具，就是选用了生活中的废旧布料、珠片所进行的形象再造和串联。

图2-2-12　纸面具

如图2-2-13所示的啤酒瓶小人，就是在废旧啤酒瓶上均匀涂抹白乳胶与立德粉混合物做底，然后用丙烯颜料绘制而成。

如图2-2-14所示的公共区艺术，也是利用了废旧的工业材料加工制作的艺术品。

图2-2-13　北京"798艺术空间"陶艺坊　　　　　图2-2-14　北京"798艺术空间"工作室外墙

（二）幼儿现代工艺美术作品的创作方法

1. 幼儿现代工艺美术作品创作步骤

制作工艺美术作品的方法多种多样，无论用何种方法，首先都要有效果图定稿、材料选择、加工制作等几个过程。效果图要经过草图、色稿、效果稿几个阶段。定好效果图后，要根据需要来选择材料，体现质感，表达感受。在制作过程中，需要思考技术要求、制作步骤、制作难点等。工艺品完成以后还需要推敲、整理、精加工。有的工艺品甚至要根据市场的要求在样品的基础上进行反复制作、修改处理。

2. 幼儿现代工艺美术作品创作原则

（1）时代性。突出时代特点，无论色彩、形式、内容，都应根据时代的特点进行设计，以符合现代幼儿的审美需求。

（2）审美性。审美是幼儿创作的动力，也是最终目标。无论从造型、色彩来看，幼儿手工艺作品都要美观、丰富、生动，以提高幼儿的审美能力。

（3）趣味性。玩是幼儿的天性，趣味性可以满足幼儿的天性。幼儿手工艺作品重在生动和有趣，最好能看、能玩、能听，让儿童的多种感官得到训练。

（4）安全性。作品的安全性很重要，要注意作品的无毒无害，在使用功能上尽量合理、舒适，以保证幼儿的鉴赏安全。

（三）幼儿现代手工艺作品赏析

幼儿现代手工艺作品如图2-2-15至图2-2-28所示。

图2-2-15

图2-2-16

图2-2-17

图2-2-18

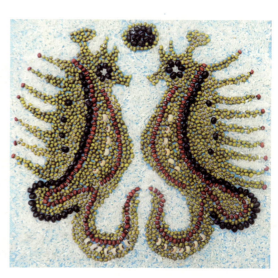

图2-2-19

图2-2-20

图2-2-21

图2-2-22

图2-2-23

图2-2-24

图2-2-25

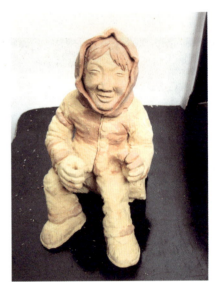

图2-2-26

图2-2-27

图2-2-28

【知识拓展】

现代幼儿的手工艺鉴赏品类越来越丰富，比如布贴完成的服装、纸盒粘贴的科技作品，甚至孩子们在鸡蛋、椰子壳、石头上画的作品等，这些简单而又随处可见的日用品、工艺品均可以进入孩子们的鉴赏范围。

此外，根据绘画大师的作品所进行的形象再造，比如毕加索笔下的人物形象、马蒂斯笔下的妇人像等，用日常的废旧物品组合加工，也可以制作新颖别致的手工艺作品，成为鉴赏的对象。

如图2-2-29至图2-2-35中孩子们绘制或粘贴出美丽的图形，装点课堂，或者布置在幼儿园中走廊或教室的墙壁上。

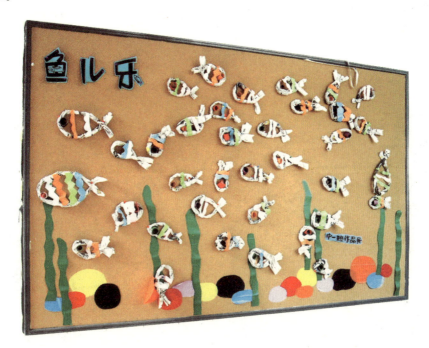

图2-2-29

图2-2-30

图2-2-31

图 2-2-32

图 2-2-33

图 2-2-34

图 2-2-35

【知识小结】

本小节知识重在培养学前教师对于幼儿艺术品鉴赏内容、特点的理解和把握，强调幼儿艺术品鉴赏中材料、形象的创新。除了教材中提到的鉴赏品，同学们可以归纳和探索出更多、更丰富的手工艺作品，寻找更为实用的手工艺材料。

【思考、讨论、实践】

在现代绘画作品中，还有哪些大师作品可以转化为孩子们喜欢的手工艺形象？可以用怎样的手工艺制作方法进行形象的再造？可否将现代装置艺术转化为幼儿园里日常手工艺作品？

分组讨论具体实例，列举操作方法。

赏析与创作实践：完成一幅富有现代气息的、孩子们喜欢的手工艺作品。

【本节在幼儿园教学活动中的应用】

对于现代工艺品的鉴赏如同孩子每天成长所领略到的新鲜事物一样，具有不断更新、变化的特点。在教学活动中，针对当下的时尚材料、方法、形象，进行新的工艺品创作和鉴赏，丰富装点孩子周围的环境，是学前教育专业教师必备的技能。

在教学中，要组织孩子看、摸、感觉这些工艺品，让孩子们学会模仿生活中富有现代气息的作品，进行手工艺品制作的尝试。

第三节　幼儿手工艺作品赏析与创作

【学习提示】

幼儿手工艺创作是将复杂的手工技艺运用于幼儿的创意与生活实践，制作成工艺简化、深受幼儿喜爱、符合幼儿成长审美认知特点的作品。在新时代背景下，幼儿手工艺作品赏析是传承和发扬优秀传统手工技艺、提高对手工艺作品审美赏析能力的重要途径。

【学习目标】

深入了解幼儿手工艺作品的内容、方法、材料，学习幼儿手工艺作品的赏析与创作规律，传承优秀传统文化、提升未来职业素养、发挥创造性的生机与活力。

一、幼儿手工艺内容与形式的赏析和创作

幼儿手工艺作品种类丰富，从材料上可分为木质、纸质、陶泥、玻璃、布艺、自然材料、废旧物品等。制作形式不受传统手工技艺限制，大胆发挥想象，作品工艺简化、造型生动、富于趣味性。幼儿运用拼插、组合的方法，将生活中最为平常的蔬果创意设计成有趣又好玩的手工艺形象。

（一）幼儿剪纸作品的赏析与创作

剪纸艺术是古老的中国民间艺术，作为一种镂空艺术，它给人以视觉上透空的感觉和艺术享受。用剪刀可将纸剪成各种各样的图案，如窗花、门笺、墙花、顶棚花、灯花等。纸张简便、易操作、色彩丰富、可塑性强，是幼儿非常喜爱的手工材料。在幼儿手中，纸被撕扯、裁剪、镂空雕琢，幼儿可以表达出丰富的内心情感和审美愿望，提高手部操作的灵活性。应提高对幼儿剪纸作品的赏析与创作能力，掌握手工剪纸技能，在未来的幼儿园美术赏析教学中更好地进行活动指导与创作。

1. 剪纸作品的鉴赏标准

（1）寓意

剪纸具有广泛的群众基础，交融于各族人民的社会生活与民间民俗。剪纸形象传达着丰富的寓意与对美好生活的祝愿。剪纸寓意可为纳吉、祝福、怯邪、除恶、劝勉、警戒、趣味等，如牡丹剪纸代表富贵、鲤鱼莲花剪纸代表连年有余等（图2-3-1、图2-3-2）。

图2-3-1

图2-3-2

（2）刀法

剪纸的刀法很重要，可以表现出细致优美、粗犷有力、流畅生动、拙朴古雅等特点。好的刀法准确、有力、玲珑剔透形象生动传神。凤凰剪纸中表现出的锯齿纹羽毛，逼真生动，栩栩如生（图

2-3-3）；剪纸艺术家张永寿创作的《百菊图》，刀法上乘，并抓住菊花初开和盛开时的变化（图2-3-4）。

图2-3-3　　　　　　　　　　　　　　　　　　　　图2-3-4

（3）装饰

剪纸讲究纹样线条的装饰和添加。装饰线条要求"圆如秋月，尖如麦芒，方如青砖，缺如锯齿，线如胡须"。图2-3-5、图2-3-6中，人物头部及水波表现装饰纹样丰富多变，刀法细腻。

图2-3-5　　　　　　　　　　　　　　　　　　　图2-3-6

2. 幼儿剪纸作品的审美特点

（1）趣味性

幼儿剪纸作品的形式丰富，除传统的凿刻方法剪刻外，还可运用撕扯、渲染、材料拼贴等方式。幼儿剪纸形象及作品形式生动有趣，形象夸张变形，以贴近幼儿心理特征的趣味性剪纸为主。图2-3-7和图2-3-8作品中的建筑与蝴蝶，即是利用半立体剪纸及立体盒子衬托的方法增强剪纸作品趣味性，图2-3-9中的团花图案则利用剪染结合的方法增强作品的审美与趣味性。

（2）生活性

幼儿通过剪纸表达感情，传递他们对生活的感受。剪纸内容主要为幼儿生活中熟悉的人与事物（图2-3-10、图2-3-11），如蝴蝶、面具等。

图2-3-7

图2-3-8

图2-3-9

图2-3-10

图2-3-11

（3）多样性

幼儿剪纸除了用蜡光纸、卡纸等材料进行平面剪贴外，还会运用立体剪贴、半立体剪贴、衍纸等方法完成作品（图2-3-12至图2-3-17）。

图2-3-12

图2-3-13

图2-3-14

图2-3-15

图2-3-16

图2-3-17

3. 幼儿剪纸的指导与评价

（1）指导幼儿剪纸应拓宽幼儿的生活视野，提高幼儿在生活中观察和捕捉形象的能力。

（2）根据幼儿心理特点开展剪纸游戏，增强剪纸活动的趣味性。

（3）幼儿剪纸造型生动、夸张，不受写实形象的制约和束缚。幼儿美术活动中运用剪纸、涂色相结合的形式，还可以完成幼儿纸剪染画创作（图2–3–18、图2–3–19）。

图2–3–18

图2–3–19

【练习与思考】

1. 收集优秀的幼儿剪纸作品，分析幼儿剪纸表现的题材内容与形式。

2. 在幼儿园中进行幼儿剪纸赏析与创作实践活动，并设计一堂有趣的剪纸活动课例。

【讨论】

幼儿剪纸有哪些趣味性的形式？如何让传统剪纸成为孩子们喜爱的手工活动？

（二）幼儿纤维艺术作品的赏析与创作

纤维艺术起源于西方古老的壁毯艺术，融合了世界各国优秀的传统纺织文化，吸纳了现代艺术观念，成为许多当代艺术家进行艺术创作的选择。纤维材料以其温暖的质地、美好的情感寄寓、创意的表达，同样深受现代幼儿园孩子和教师们的喜爱。

1. 幼儿纤维作品的材料分类

幼儿纤维作品的材料广泛，大致包括布艺、绳艺、棉球、扭扭棒等。

（1）布艺

幼儿纤维艺术使用的布艺材料应质地柔软、细腻、安全，以棉、麻制品为主，色彩鲜艳及纹理丰富的花布、无纺布就深受孩子们的喜爱。幼儿创作的布艺形象以卡通、日用品、食品等为主（图2–3–20至图2–3–23）。

（2）绳艺

幼儿纤维艺术中常会用到麻绳、纸藤、化纤绳等材料，通过搓、盘、缠绕制作完成作品（图2–3–24至图2–3–27）。

图2–3–20

图2–3–21　　　　　　　　　　图2–3–22　　　　　　　　　　图2–3–23

图2–3–24　　　　　　　　　　　　　　　图2–3–25

图2–3–26　　　　　　　　　　　　　　　图2–3–27

（3）棉球

幼儿喜爱运用蓬松的棉花、羽毛、手工毛球等材料，通过粘贴、染色等工艺完成纤维作品的制作（图2-3-28、图2-3-29）。

图2-3-28

图2-3-29

（4）扭扭棒

扭扭棒主要通过铁丝的折、盘、绕、缠等方法塑形，与铁丝表面附着的毛绒质感与色彩形成呼应，制成孩子们喜爱的玩具或手工制品（图2-3-30~图2-3-33）。

图2-3-30

图2-3-31

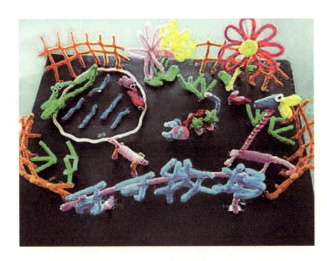

图2-3-32

图2-3-33

2. 幼儿纤维作品的审美特色

（1）丰富性

幼儿善于从生活中发现新材料，并将多种材料置于作品中。除了布纤维外，还有木纤维、塑料纽扣等材料，如大象可用布、木片、纽扣、活动眼睛及塑料纸拼贴完成。

（2）生活性

幼儿纤维作品形象源于生活，如孩子们喜爱的动画片形象、动物形象、朋友及家人形象等，作品生活气息较强。图2-3-34的海绵宝宝即是孩子们喜爱并经常绘制表现的形象。

（3）趣味性

幼儿纤维作品形象夸张、变形，表现其丰富的情感和趣味，甚至运用抽象拼贴等方式进行创作（图2-3-35）。

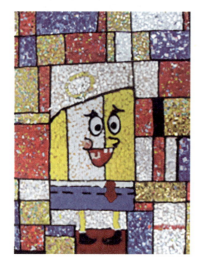

图2-3-34　　　　　　　　　　　　　　　图2-3-35

3. 幼儿纤维作品的指导与评价

（1）在生活中发现纤维材料，并有准备地进行整理与分类。提出幼儿喜爱的纤维作品创作活动主题（图2-3-36、图2-3-37），发挥幼儿的积极性参与并讨论。

（2）制作过程可分组进行，幼儿讨论后拟定作品创作方案，教师在材料与技巧上提供指导与支持。

图2-3-36　　　　　　　　　　　　　　　图2-3-37

【练习与思考】

1. 收集当代优秀纤维艺术作品，分析艺术观念、材料种类及创作技法。
2. 进行纤维艺术作品的创作，可分小组进行。

【讨论】

1. 生活中还有哪些纤维材料？
2. 分组讨论幼儿纤维作品创作的指导方法。

（三）幼儿自然材料作品赏析与创作

自然材料种类丰富，有蔬菜、瓜果、叶片、花卉等，运用自然材料进行作品创作，能提高幼儿的自然探索热情，培养幼儿在生活中审美发现的良好品质和创新意识。

1. 自然材料作品分类

（1）蔬菜

幼儿用蔬菜组合的形式完成新的形象创编，产生新奇、大胆、天然的效果（图2-3-38、图2-3-39）。

图2-3-38 　　　　　　　　　　　　　图2-3-39

（2）瓜果及果核

利用瓜果，以及果核种子（包括米粒、豆类等）的色彩、纹理，通过拼贴、组合等方法创作新的审美形象（图2-3-40、图2-3-41）。

图2-3-40 　　　　　　　　　　　　　图2-3-41

（3）叶片

叶片画制作是收集叶片后进行拼贴组合，将叶片的色彩纹理想象成为新的审美形象，进行平面或立体空间创作的活动（图2-3-42~图2-3-45）。

图2-3-42

图2-3-43

图2-3-44

图2-3-45

（4）花卉及其他

收集不同种类的花卉，利用花的色彩和肌理拼贴组合新的艺术形象，或用贝壳、石块等自然材料拼贴组合作品（图2-3-46至图2-3-48）。

2. 幼儿自然材料作品的审美特点

（1）多样性

幼儿自然材料作品种类丰富、材料多样，根据不同地域环境，幼儿可选择具有地域特征的自然材料进行作品创作。

图2-3-46

图2-3-47

图2-3-48

（2）生活性

幼儿通过自然材料认识周围环境，表达生活感受。自然材料作品富于浓郁的生活气息，能够为幼儿提供丰富的创作资源。另外，幼儿也能够利用面粉材料，结合玉米粉、巧克力及橘色火腿，调入色彩，制作可以食用又好看好玩的卡通形象（图2-3-49、图2-3-50）。

图2-3-49

图2-3-50

3. 幼儿自然材料作品的指导与评价

（1）创作作品前应引导幼儿在自然中寻找创作素材，欣赏自然材料的纹理，探索创作表现方法。

（2）创作活动结合不同主题开展，如物料与自然、科学探索、纹理发现等，为幼儿提供良好的创作基础。

（3）生活中的废旧材料（如金属、电池、电线等），在孩子们手中也能创作出有趣的作品（图2–3–51、图2–3–52）。

图2–3–51　　　　　　　　　　　　　　图2–3–52

【练习与思考】

1. 收集自然材料，思考如何组织一幅手工作品。

2. 除了拼贴组合，还可以结合绘画的技法进行艺术创作。请思考，运用自然材料绘画的方法还有哪些？

【讨论】

在幼儿的手工艺作品中，还会用到哪些自然材料呢？请思考这些材料制作的方法。

二、幼儿手工艺作品赏析与创作实训

（一）幼儿剪纸作品赏析与创作实训

1. 剪纸的基本纹样有水波纹、朵花纹、火纹、鱼鳞纹、云纹、漩涡纹、月牙纹、锯齿纹、圆纹、柳叶纹、水滴纹、三角纹等。应加强对剪纸中基本纹样练习，掌握剪纸形象装饰方法及刀法运用（图2–3–53、图2–3–54）。

2. 理解剪纸创作的步骤方法，寻找孩子们熟悉的日常生活形象进行剪纸创作。

3. 运用趣味夸张变形的方法设计形象，作品构图饱满、主题突出，画面疏密有致，富于节奏感（图2–3–55至图2–3–57）。

（二）幼儿纤维艺术作品赏析与创作实训

1. 理解各种纤维材料的特性，收集不同纹理色彩的纤维材料，并思考如何创作手工艺形象。

2. 绘制作品草图，并准备作品制作的各类工具，如UV胶、针线、剪刀、棉花、纤维布等。

图2-3-53

图2-3-54

图2-3-55

图2-3-56

图2-3-57

3. 制作作品并完成作品组合（图2-3-58、图2-3-59）。

图2-3-58   图2-3-59

（三）幼儿自然材料作品赏析与创作实训

1. 收集自然材料，根据自然材料的形状、纹理、色彩思考并设计形象。

2. 绘制作品草图，并准备各类工具，如白乳胶、镊子、剪刀等。

3. 制作作品，阴干并保存。如图2-3-60、图2-3-61，利用自然材料中的木材粘贴组合小木屋和围篱，再辅助泡沫粒、无纺布等材料完成作品。

图2-3-60   图2-3-61

三、幼儿其他手工艺作品欣赏（图2-3-62至图2-3-65）

图2-3-62

图2-3-63

图2-3-64

图2-3-65

第三章　公共艺术作品赏析

建筑和雕塑是美术空间艺术。建筑具有很强的实用功能。雕塑从原来的实用和装饰并存发展到现在的装饰艺术，通过空间、造型、视觉的元素，运用实践的方法创造和美化世界。对建筑艺术和雕塑艺术作品的鉴赏可以更好地促进审美感知、审美判断、审美想象和审美创造能力的发展。

第一节　建筑作品赏析

【学习目标】

1. 了解我国及西方建筑艺术的发展概况以及建筑特点。
2. 学习鉴赏中外建筑艺术的方法与要求。
3. 学习指导幼儿对建筑艺术欣赏与创作的方法。

【关键词】

宫殿建筑　寺庙建筑　希腊式　罗马式

一、我国建筑赏析

我国建筑艺术具有悠久的历史，是我国灿烂文化的一部分，在世界建筑史上自成体系，成为人类共同的文化财富。

我国建筑按时间分为古代建筑和近现代建筑。古建筑按用途分为宫殿建筑、寺庙建筑、园林建筑、民居建筑、防御建筑、陵墓建筑。古代建筑通常指的是清朝及清朝之前的建筑，它有明显的古典建筑特征。近现代建筑则主要是指民国至今的建筑。

（一）我国建筑发展概况

1. 古代建筑发展概况

（1）宫殿建筑

夏朝宫殿遗址标志着我国古代建筑已经具备了雏形，是我国古代建筑的发展基础。自西周使用铁器开始，随着生产力的提高，产生了我国建筑木结构的重要部件——斗拱（见图3-1-1）。其用处是延长屋檐，使雨水冲刷不到土筑的墙壁和台阶。秦朝历史短暂，但它集全国的物力和财力，大规模兴建宫殿、陵墓和长城。汉代的突出表现就是木架建筑逐渐成熟，后世常见的抬梁式和穿斗式两种主要木架结构已经形成，并且多层木架结构比较普遍。屋顶形式多样化，庑殿、歇山、悬山、攒尖、囤顶均已出现，有的被广泛采用。北方十六国时期，西北少数民族大量迁入，改变了汉族延续千年的席地而坐的习惯。建筑的室内空间因坐卧习惯改变而有所增加。这是我国古代建筑空间处理上的一次重大变革。隋、唐至宋是我国封建社会的鼎盛时期，是我国古代建筑的成熟时期，形成了一个独立而完整的建筑体系，并向外传播影响了朝鲜和日本。在此期间，无论在木架建筑、砖石建筑、建筑装饰、设计和施工技术等方面都有巨大发展。建于隋代大业年间（605—618）的河北赵县安济桥是世界上最早出现的敞肩拱桥，又称空腹拱桥，全长50.82 m，单孔跨度达37.02 m，桥面宽9 m，在世界桥梁史上占有重要的地位。宋代建筑是中国古建筑体系的大转变时期，城市布局、建筑技术与艺术都有不少提高与突破。建筑规模一般比唐朝小，但比唐朝建筑更为秀丽、绚烂而富于变化。城市结构和布局起了根本变化，形成临街设店、按行成街的布局，这是中国城市发展史上的一大进步。宋代政府颁布的建筑预算定额《营造法式》，是中国古籍中最完整的一部建筑技术专业书籍，是我国建筑史上第一次明确模数

图3-1-1　斗拱

制的文字记载。建筑构件开始趋向标准化，并有了建筑总结性著作《木经》。元、明、清三朝是我国封建社会晚期，建筑发展缓慢。元朝的建筑艺术，在元大都的建设中比较突出。这是继隋、唐长安城又一个巨大的按规划建设起来的都城，是当时世界大都市之一。明、清两朝的建筑艺术，以宫殿、坛庙、宗教建筑和园林艺术最为突出。明朝原定都南京，永乐帝时迁都北京，此后历代皇帝均以北京为都城。北京城是在元大都的基础上改造和扩建而成的，并经过明、清历代帝王的不断修葺完善，成就了我国现存的古代最大的建筑群——北京故宫。

（2）寺庙建筑

东汉末年经三国两晋到南北朝，是我国历史上民族大融合时期。我国的建筑艺术又有新的变化，主要体现在佛教建筑上，突出的建筑类型是佛寺、佛塔和石窟。不少地区还开凿石窟寺，雕塑佛像。主要的石窟寺有大同云冈石窟、敦煌莫高窟、天水麦积山石窟、洛阳龙门石窟、太原天龙山石窟、峰峰南响堂山和北响堂山石窟等。

唐代佛寺建筑遍布全国各地。留存至今并保留比较完整的有山西五台山佛光寺大殿、南禅寺大殿、西安慈恩寺大雁塔、荐福寺小雁塔、大理千寻塔等，以及继承前代续凿的石窟寺等。砖石建筑因此又有了进一步发展，砖石塔有楼阁式、密檐式与单层塔三种。我国现存最早的木结构建筑为唐代中期所建的五台山南禅寺正殿。现存的木结构建筑表现了唐代建筑风格的特点，即气魄宏伟，严整、开朗，刚健豪放、朴实无华，反映了唐代建筑艺术加工和结构的统一。

元朝寺庙建筑异常兴盛，尤其是藏传佛教寺院。元朝疆域版图扩大，对外交流加强，外来建筑风格传入内地。现存的北京妙应寺白塔就是由尼泊尔青年匠师阿尼哥设计的。在木结构建筑方面，一般寺庙加工粗糙，常用弯曲的木材作为梁架构件，反映了当时社会经济凋零，不得不采用节约措施的状况。

明、清的宗教建筑遗存较多。现存的北京大正觉寺金刚宝座塔，是明朝开始出现的一种新的佛塔类型的最早实例。西藏的布达拉宫、日喀则的扎什伦布寺等是明清较有特色的佛教寺院。现存的藏传佛教寺院以河北承德的"外八庙"最为著名，是清朝皇帝为了抵御沙俄的侵略，便于联系和团结蒙古族、藏族等少数民族而建。

坛庙建筑是我国古代为了适应礼制的要求而产生的祭祀性建筑和宗教性建筑。它包括坛、庙、祠等建筑，是统治阶级为了体现天的神圣和帝王与上天之间的亲密关系，为了宣扬"敬天法祖"的思想，以及为人们表达对天地、祖先的崇敬和感恩，为举行各种祭祀活动而建的场所。明、清都城所建的坛、庙，有太庙、社稷坛、天坛、地坛、日坛、月坛等。天坛是最有代表性的建筑，是明、清两朝皇帝祭天和祈祷丰收的地方，初建于明朝，后又经清改造而形成现有的规模。

（3）园林建筑

园林艺术是我国古代建筑艺术的重要组成部分。它是把自然的和人造的山水、植物、建筑融为一体的游赏环境。在世界三大园林体系中（中国、欧洲、阿拉伯），中国园林历史最悠久，内涵最丰富。商、周时期是萌芽阶段，帝王将原始的自然山水丛林作为狩猎之地，兼供游赏，称为"苑"。南北朝至隋唐五代，文人参与造园，以诗画意境作为造园主题，同时渗入了主观的审美理想。发展至宋、元代，造园更强调文人写意山水的意趣。明代著名造园家计成关于造园艺术的理论著作《园冶》，集中总结了我国古代造园艺术的理论和手法，国内外学术界认为它是世界上最早的造园艺术理论专著。现存明、清两朝的园林较多，大致可分为皇家园林和私家园林。在明、清各地园林中，江苏苏州、扬州、无锡等地方的园林最为人所称道，前人有所谓"江南园林甲天下，苏州园林甲江南"之美誉。由此可见，我国古代园林艺术的主要特点是它并非简单地模仿自然，而是自然艺术的再现，既富有自然意趣，又适合统治阶级和封建文人的审美理想。

（4）民居建筑

我国民居的多样性是由我国的地理气候条件和生活方式的不同及民族众多造成的。民居的形式、结构、装饰艺术、色调等各具特点。皖南民居和山西民居齐名并列，一向有"北山西，南皖南"的说法。在各地区、各民族民居住宅类型中，较有特点的有北京四合院、黄土高原的窑洞、安徽的古民居和福建、广东等地的客家土楼、内蒙古的蒙古包等。

（5）陵墓建筑

陵墓是我国古代建筑的重要组成部分，各阶层对陵墓的建造都很重视，并因此而耗费了大量的财物。在漫长的历史进程中，我国陵墓建筑得到了长足的发展，产生了举世罕见的、庞大的古代帝、后墓群，且在历史演变过程中，陵墓建筑逐步与绘画、书法、雕刻等众多艺术门类融为一体，成为反映多种艺术成就的综合体。

我国远古时代丧葬形式很简单。商代已很重视埋葬制度，周代把殡葬制度纳入了朝廷礼制范围，此后的统治阶级逐渐厚葬成风。陵墓一般分为地下和地上两部分。地下是放置棺椁的墓室，从最初的木结构发展到砖石结构。秦汉时期开始人工夯筑形成高大的陵体，顶上遍植柏树，以象征山林，古代帝王坟墓通称"陵寝"，又称为"山陵"，即由此而来。唐代则经常"因山为陵"，很多时候直接利用天然山丘开凿而成。地上部分是指环绕陵体形成的陵区中的一系列布置，从地形的选择到入口、神道、祭祀建筑、绿化等，都有非常完善的制度。明、清两朝的皇家陵墓建筑是中国陵墓建筑中艺术形象最突出、手法最成熟的。

2. 近现代建筑发展概况

我国近现代建筑艺术的发展与我国封建社会的解体、西方建筑方式的传入，以及社会发展的体制、经济和生活方式等有直接的关系。20世纪二三十年代，出现了一批继承民族传统和吸收借鉴西方建筑因素的探索性建筑。如北京的燕京大学、南京的中山陵等。新中国成立后，建筑的重点是工业建筑和城市规划。从建筑艺术的角度讲，最引人注目的是民族形式的建筑再度兴起。以宫殿式大屋顶为主要特征的建筑形式曾流行一时。20世纪80年代，国家实行改革开放政策，建筑界的学术思想日趋活跃，我国的建筑活动开始出现全面繁荣的新局面。村镇建设和城市住宅建设高潮的形成是这个时期建筑活动的明显特点。随着经济的发展，城市建设也将呈现出越来越鲜明的民族和时代的特色。

（二）我国著名建筑物的赏析

1. 古代建筑的赏析

（1）宫廷建筑

北京故宫，旧称"紫禁城"（图3-1-2），是明、清两代皇宫。故宫南北长961 m，东西宽753 m，占地72万 m²。由大小数十个院落组成，建筑面积15万 m²。周围环绕着十多米高的宫墙和五十多米宽的护城河。宫墙四角有造型精巧、风格迤逦的角楼，南面正门为午门。

图3-1-2

图3-1-3

主要建筑分为外朝和内廷两大部分，外朝以"三大殿"——太和殿、中和殿、保和殿为主体，建于三层汉白玉台基上，是封建帝王行使权力、举行隆重典礼的地方。内廷以"后三宫"——乾清宫、交泰宫、坤宁宫为主体，是帝王办事和起居的地方，其东西两侧六宫为嫔妃住所。

（2）寺庙建筑

位于山西五台山的佛光寺是中国现存最早的木结构殿堂，建于唐大中十一年（857）。全殿面阔7间，宽36.2 m，檐下用硕大的斗拱构建，斗拱为柱高的1/2。斗拱在结构和艺术形象上发挥了重要作用，突出表现了唐代建筑格调雄健昂扬、雍容大度，是中国建筑艺术的精品（图3-1-3）。

（3）园林建筑

园林建筑北方以北京皇家园林颐和园为代表，南方以江苏苏州园林为代表，以诗情画意作为我国园林的精髓和造园艺术追求的最高境界。它们集中体现了我国园林的两种主要形式——天然山水园林和人工山水园林在造园艺术与技术方面的造诣及成就（图3-1-4）。

（4）民居建筑

① 北京四合院。木构架庭院式的代表是北京四合院。四合院坐北朝南，是以正房、东西厢房围绕中间庭院形成平面布局的传统住宅的总称。四合院的营建极讲究风水，风水学说实际是我国

图3-1-4

古代的建筑环境学，是我国传统人居建筑理论的重要组成部分，千百年来一直指导着我国古代的营造活动。四合院的装修、雕饰、彩绘也处处体现着民族民风和传统文化，表现在一定的历史条件下人们对幸福、美好、富裕、吉祥的追求（图3-1-5）。

② 徽派民居。徽派民居是"一颗印"式住宅的代表，在湖南等省称为"印子房"。这类住宅布局原则与上述四合院大致相同，只是房屋转角处互相连接，组成一颗印章状（图3-1-6）。

（5）陵墓建筑

① 秦始皇陵。在众多陵墓建筑中，秦始皇陵占有极为重要的地位。它是中国历史上第一座皇帝陵墓，也是最大的皇帝陵墓。无论是古代文献中的描述、现存巨大的地面夯土陵体，还是考古发掘出的兵马俑坑，无不令世人震惊（图3-1-7）。

② 明孝陵。孝陵是明朝开国皇帝朱元璋（1368—1398年在位）和马皇后的合葬陵，坐落在南京紫

图 3-1-5   图 3-1-6

图 3-1-7   图 3-1-8

金山（钟山）。明孝陵原本是灵谷寺的旧址，朱元璋选中这块风水宝地作为陵墓后，便强行迁寺造陵。孝陵规模甚大，陵域的最前面是下马坊，碑刻"诸司官员下马"六个大字，大小官员经过这里必须下马步行。下马坊北即陵园的大门大金门，再往北行是"四方城"，内有明成祖朱棣为其父朱元璋立的"神功圣德碑"（图 3-1-8）。

2. 近现代建筑的赏析

（1）人民大会堂

人民大会堂（图 3-1-9）位于北京市中心天安门广场西侧，西长安街南侧。人民大会堂坐西朝东，南北长 336 m，东西宽 206 m，高 46.5 m，占地面积 15 万 m²，建筑面积 17.18 万 m²，比故宫的全部建筑面积还要大。党和国家很多重大会议都在此召开。

（2）东方明珠

东方明珠广播电视塔（图 3-1-10），又名东方明珠塔，位于中国上海浦东新区陆家嘴，毗邻黄浦江，与外滩隔江相望。建筑动工于 1991 年，1994 年竣工，高 467.9 m，是上海的地标之一。

（3）奥运场馆

国家体育场俗称鸟巢（图 3-1-11），位于北京奥林匹克公园中心区南部，为 2008 年第 29 届奥林匹克运动会的主体育场。建筑面积 258 000 m²。场内观众坐席约为 91 000 个，其中临时坐席约 11 000 个。

图3-1-9 人民大会堂

国家游泳中心又称为"水立方"（Water Cube）（图3-1-12），位于北京奥林匹克公园内，是北京为2008年夏季奥运会修建的主游泳馆，也是2008年北京奥运会标志性建筑物之一。其与国家体育场分列于北京城市中轴线北端的两侧，共同形成相对完整的北京历史文化名城形象。水立方首次采用的ETFE膜材料，外形看上去就像一个蓝色的水盒子，而墙面就像一团无规则的泡泡。这些泡泡所用的材料"ETFE"，也就是我们常说的"聚氟乙烯"。这种材料耐腐蚀性、保温性俱佳，自清洁能力强。

二、西方建筑赏析

西方建筑流派繁多，都与其特定的社会时代息息相关。欧洲建筑风格流派的历程为古希腊建筑—古罗马建筑—罗曼建筑—哥特式建筑—文艺复兴建筑—巴洛克建筑—法国古典主义建筑—洛可可建筑—浪漫主义建筑—古典复兴建筑，直到折中主义建筑—现代主义建筑—有机建筑。

图3-1-10 东方明珠广播电视塔

图3-1-11 鸟巢

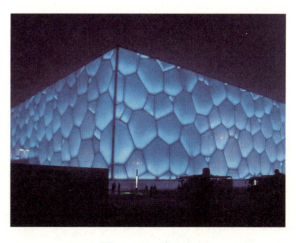

图3-1-12 水立方

（一）西方古代建筑艺术及鉴赏

1. 古希腊建筑艺术

古希腊是欧洲文化的发源地，开创了欧洲建筑的先河。古希腊的建筑为环柱式建筑，结构属梁柱体系，共有四种柱式：多立克柱式、爱奥尼克柱式、科林斯柱式、女郎雕像柱式。贯穿四种柱式的则是永远不变的人体美与数的和谐。柱式的发展对古希腊建筑的结构起了决定性的作用，并且对后来的古罗马、欧洲的建筑风格产生了重大的影响。建筑多用双面坡屋顶，山墙装饰美观。早期主要建筑用石料。限于材料的性能，古希腊建筑形式变化较少，内部空间封闭简单。雕刻是古希腊建筑的一个重要的组成部分，使希腊建筑显得更加神秘、高贵、完美、和谐。后世许多流派的建筑师，都从古希腊建筑中得到借鉴（图3-1-13）。

图3-1-13　雅典卫城巴特农神庙

2. 古罗马建筑

古罗马建筑是古罗马人研习亚平宁半岛上埃特鲁斯坎人的建筑技术，继承古希腊的建筑成就，在建筑形制、技术和艺术方面广泛创新的一种建筑风格。古罗马建筑能满足各种复杂的功能要求，主要依靠水平很高的拱券结构，获得宽阔的内部空间。建筑的类型、数量和规模都大大超过古希腊。大型建筑物风格雄浑凝重，构图和谐统一，形式多样。古罗马建筑艺术成就很高。罗马人开拓了新的建筑艺术领域，丰富了建筑艺术手法。

15世纪后，古罗马建筑在欧洲重新成为学习的范例，这种现象一直持续到20世纪二三十年代。

古罗马建筑的书籍和图画在明朝末年开始传入中国。意大利传教士利玛窦从意大利索来《罗马古城舆图》画册3卷，存放在北京耶稣会图书馆。但古罗马建筑对中国建筑没有发生实际影响。

罗马广场是城市的主要公共活动场所。随着城市的发展繁荣，众多纪念性建筑的修建使广场得到扩展和装饰，并成为展示中央权威的一种显著标志。最能展现帝国风采的莫过于罗马的神殿和议会大厅。神庙大多是轴对称建筑，依照主轴中心线修建，两边对称，给人以不可侵犯的感觉。古罗马的另外一个传奇性建筑就是斗兽场。斗兽场呈椭圆形，最大直径188 m，最小直径156 m。从外围看，整个建筑分为四层，底部三层为连拱式建筑，第四层有壁柱装饰。四扇大拱门是登上斗兽场内部看台回廊的入口。

君士坦丁凯旋门位于罗马竞技场与帕拉蒂尼山之间，是为了纪念君士坦丁一世于米里维桥战役中大获全胜而建立的（图3-1-14）。君士坦丁凯旋门也是罗马现存的凯旋门中最新的一座。君士坦丁凯旋门高21 m，宽25.7 m，进深7.4 m。它拥有3个拱门，中央的拱门高11.5 m，宽6.5 m；两侧的拱门则高7.4 m，宽3.4 m。拱门上方由砖块砌成，表面则有雕刻图案。君士坦丁凯旋门主体由几根分开的圆柱及刻有铭文的顶楼构成，设计类似位于古罗马广场的塞维鲁凯旋门。而拱门的下半部则被认为是建筑师参考更古老的纪念碑来设计的，也许是来自哈德良皇帝时代。

图3-1-14

3. 罗曼建筑

罗曼建筑是10—12世纪欧洲地区的一种建筑风格。罗曼建筑原意为罗马建筑风格的建筑，又译作罗马风建筑、罗马式建筑、似罗马建筑等。罗曼建筑风格多见于修道院和教堂建筑中。建筑实例有意大利的比萨教堂建筑群（图3-1-15）、德国的沃尔姆斯教堂等。

图3-1-15 比萨教堂

图3-1-16 米兰大教堂

4. 哥特式建筑

哥特式建筑由罗曼式建筑发展而来，11世纪起源于法国，13—15世纪流行于欧洲，兴盛于中世纪中期与末期。它为文艺复兴建筑所继承。哥特式建筑以其高超的技术和艺术成就，在建筑史上占有重要地位。

著名的哥特式建筑有俄罗斯的圣母大教堂、意大利的米兰大教堂、德国的科隆大教堂、英国的威斯敏斯特大教堂、法国的巴黎圣母院。哥特式建筑的特点是尖塔高耸、尖形拱门、大窗户及花窗玻璃。在设计中利用尖肋拱顶、飞扶壁、修长的束柱，营造出轻盈修长的飞天感。新的框架结构可以增加支撑顶部的力量。

米兰大教堂如图3-1-16所示。

5. 文艺复兴建筑

文艺复兴建筑是欧洲建筑史上继哥特式建筑之后出现的一种建筑风格。15世纪产生于意大利，后传播到欧洲其他地区，形成了带有各自特点的各国文艺复兴建筑。意大利文艺复兴建筑在文艺复兴建筑中占有最重要的位置。

文艺复兴建筑是15—19世纪流行于欧洲的建筑风格，有时也包括巴洛克建筑和古典主义建筑，起源于意大利佛罗伦萨。在理论上以文艺复兴思潮为基础。在造型上排斥象征神权至上的哥特式建筑风格，提倡复兴古罗马时期的建筑形式，特别是古典柱式比例，半圆形拱券，以穹隆为中心的建筑形体等。例如，意大利佛罗伦萨的美第奇官邸（图3-1-17）、维琴察的圆厅别墅和法国的枫丹白露宫等。

图3-1-17 意大利的美第奇官邸

意大利的美第奇官邸是一座宏大的建筑，高耸的飞檐悬挂在三层立面上，第一层外墙用石块砌成，入口处模仿罗马建筑。二至三层的每一个窗户上都有石雕的美第奇家族徽章。平面布局采用意大利传统的内庭院式，最下层的中心是庭院，两旁有立柱圆拱支撑的门廊。庭院中有喷泉和无数的雕塑。官邸的外观丝毫没有装饰，与家族的昌盛相比显得不可思议的朴素。家族中的一位统治者基莫一世，曾经有一次被赶出了城，在经历了这次体验后知道百姓的忌恨比什么都可怕，因此建成了这样朴素的宫殿。从1460年起约100年时间都是美第奇家族的住宅。

6. 巴洛克建筑

巴洛克建筑起源于17世纪的意大利，是17—18世纪在文艺复兴建筑基础上发展起来的一种建筑和装饰风格。欧洲人最初用这个词指"缺乏古典主义均衡特性的作品"，它原是带贬义的称呼，现今这个词已失去了原有的贬义，仅指17世纪风行于欧洲的一种艺术风格。将原本罗马人文主义的文艺复兴建筑，添上新的华丽、夸张及雕刻风气，彰显出国家与教会的专制主义的丰功伟业。其特点是外形自由，追求动态，喜好富丽的装饰、雕刻和强烈的色彩，常用穿插的曲面和椭圆形空间。此新式建筑着重于色彩、光影、雕塑性与强烈的巴洛克特色。

7. 法国古典主义建筑

法国在路易十三和路易十四专制王权极盛时期，开始竭力崇尚古典主义建筑风格，建造了很多古典主义风格的建筑。古典主义建筑造型严谨，普遍应用古典柱式，内部装饰丰富多彩。代表作有巴黎卢浮宫的东立面、凡尔赛宫和巴黎圣母院新教堂等。凡尔赛宫不仅创立了宫殿的新形制，而且在规划设计和造园艺术上都为当时欧洲各国所效法。

8. 洛可可建筑

洛可可建筑是在巴洛克建筑的基础上发展起来的，主要表现在室内装饰上。以欧洲封建贵族文化的衰败为背景，表现了没落贵族阶层颓丧、浮华的审美理想和思想情绪。洛可可建筑的基本特点是纤弱娇媚、华丽精巧、甜腻温柔、纷繁琐细。

9. 浪漫主义建筑

浪漫主义建筑是18世纪下半叶至19世纪下半叶，欧美一些国家在文学艺术中的浪漫主义思潮影响下流行的一种建筑风格，主要限于教堂、大学、市政厅等中世纪就有的建筑类型。在艺术上强调个性，提倡自然主义，主张用中世纪的艺术风格与学院派的古典主义艺术相抗衡。这种思潮在建筑上表现为追求超凡脱俗的趣味和异国情调。

10. 古典复兴建筑

古典复兴建筑是欧洲建筑史上继哥特式建筑之后出现的一种建筑风格。采用严谨的古希腊、古罗马形式的建筑，又称新古典主义建筑。15世纪产生于意大利，后传播到欧洲其他地区，形成带有各自特点的各国文艺复兴建筑。

11. 折中主义建筑

折中主义建筑是19世纪上半叶至20世纪初，在欧美一些国家流行的一种建筑风格。折中主义建筑师任意模仿历史上的各种建筑风格，或自由组合各种建筑形式，他们不讲求固定的法式，只讲求比例均衡，注重纯形式美。

12. 现代主义建筑

现代主义建筑又称为现代派建筑，是指20世纪中叶，在西方建筑界居主导地位的一种建筑思想，具有鲜明的理性主义和激进主义的色彩。这种建筑的代表人物主张，建筑师要摆脱传统建筑形式的束缚，大胆创造适应于工业化社会条件、要求的崭新建筑。

13. 有机建筑

有机建筑是现代建筑运动中的一个派别，是一种活着的传统，它根植于对生活、自然和自然形态的情感中，从自然世界及其多种多样的生物形式与过程的生命力中汲取营养。

有机建筑的代表人物是美国建筑师赖特。这个流派认为每一种生物所具有的特殊外貌，是它能够生存于世的内在因素决定的。每个建筑的形式、构成，以及与之有关的各种问题的解决，同样地都要依据各自的内在因素来思考，力求合情合理。这种思想的核心就是"道法自然"，就是要求依照大自然所启示的道理行事，而不是模仿自然。

（二）西方现代建筑艺术及鉴赏

1. 埃菲尔铁塔

埃菲尔铁塔（图3-1-18）以设计师居斯塔夫·埃菲尔命名，于1889年建成，是巴黎的标志之一，被法国人爱称为"铁娘子"。它和纽约的帝国大厦、东京的电视塔同被誉为三大著名建筑。铁塔采用交错式结构，高300 m，天线高24 m，总高324 m。铁塔设计新颖独特，是世界建筑史上的杰作。

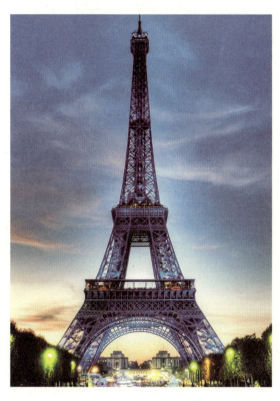

图3-1-18 埃菲尔铁塔

图3-1-19 流水别墅

2. 流水别墅

流水别墅（图3-1-19）是现代建筑的杰作之一，它位于美国匹兹堡市郊区的熊溪河畔，由赖特设计。别墅外形强调块体组合，使建筑带有明显的雕塑感。别墅的室内空间处理也堪称典范，室内空间自由延伸，相互穿插；内外空间互相交融，浑然一体。别墅共三层，以二层（主入口层）的起居室为中心，其余房间向左右铺展开来，两层巨大的平台高低错落，一层平台向左右延伸，二层平台向前方挑出，几片高耸的片石墙交错着插在平台之间，很有力度。流水别墅在空间的处理、体量的组合及与环境的结合上均取得了极大的成功，为有机建筑理论作了确切的注释，在现代建筑历史上占有重要地位。

3. 悉尼歌剧院

悉尼歌剧院（图3-1-20）位于澳大利亚悉尼，于1973年正式落成，是20世纪最具特色的建筑之一，也是世界著名的表演艺术中心，已成为悉尼市的标志性建筑。设计者是丹麦设计师约恩·乌松。悉尼歌剧院的外观为三组巨大的壳片，耸立在南北长186 m、东西最宽处为97 m的现浇钢筋混凝土结构的基座上。第一组壳片在地段西侧，四对壳片成串排列，三对朝北，一对朝南，内部是大音乐厅。

图3-1-20　悉尼歌剧院

第二组在地段东侧，与第一组大致平行，形式与歌剧厅相同。第三组在它们的西南方，规模最小，由两对壳片组成，里面是餐厅。2007年6月28日被联合国教科文组织评为世界文化遗产。

4. 阿拉伯塔酒店

阿拉伯塔酒店（图3-1-21）又称为迪拜帆船酒店，位于中东地区阿拉伯联合酋长国的迪拜。由英国设计师汤姆·赖特设计。酒店建立在海滨的一个人工岛上，是一个帆船形的塔状建筑，共有56层，高315.9 m，比法国埃菲尔铁塔还高上一截。

图3-1-21　迪拜帆船酒店

（三）西方奇特建筑图片赏析（图 3-1-22～图 3-1-26 ）

图 3-1-22　意大利博戈里科市政厅

图 3-1-23　印度旁遮普昌迪加尔法院

图 3-1-24　蒙特利尔博览会住宅

图 3-1-25　拉玛特·甘住宅

图 3-1-26　朗香教堂

三、幼儿园建筑物赏析与幼儿建筑创作

建筑艺术是指按照美的规律，运用独特的建筑艺术语言（如建筑物的体形、内外空间、总体布局及装饰等），使建筑形象具有文化价值和审美价值的艺术。建筑艺术是一种实用和审美相结合的艺术。

（一）幼儿园建筑物赏析

幼儿园建筑从幼儿的需要出发，从建筑的形式、色彩、外观、内部设施的建造等方面为幼儿的身心成长提供必需的刺激，引起他们的好奇心和求知欲，以启发幼儿去思考、去探索，从而为幼儿身体和智能的发展提供良好的基础。

建筑的审美特色如下：

1. 建筑语言的抽象性

建筑与书法一样，本质上不具备象形特征，建筑史上象形的建筑少之又少。

虽然每一件建筑作品都包含着丰富的内容，但是人们从建筑直接感受到的是它独有的象征性和形式美、民族性和时代感。

2. 内外空间的秩序性

歌德、黑格尔、贝多芬等人曾将建筑比作"凝固的音乐"，建筑与音乐一样，也有主题、基调、高潮、休止、协调、节奏、尺度、重复等，体现为和谐的秩序美。

建筑艺术在一定空间展开的构图序列可以使人在欣赏的过程中逐步加强感受，随欣赏层次和角度的改变，由空间的变化带出时间的推移。观赏者在不断更换的空间景物中，能唤起一种连绵流动的情感，空间的视觉形象变成了观赏者的情感流动。

此外，优秀的建筑艺术总是与环境融为一体，体现出人文景观与自然景观的完美结合。

3. 建筑的文化历史性

建筑是人类文化的基本形式，是特定文化审美意识的表现。

建筑作为一种艺术形式，对我们的影响不仅停留在感官上。任何一种形式及其风格的形成都是历史的、时代的民族文化心理和审美意识交织的作用，因此，有人形象地说，建筑是一部"用石头写成的史书"。

幼儿园的建筑空间是一个教育观念、教育制度等混合浇铸的意义空间，是一个话语机制创生的空间。好的幼儿园建筑能够在无形中给幼儿创造四种意义的世界。① 开放的意义：共同生活、工作、积极活泼的世界。② 无拘无束的意义：参加游戏，充满生气的世界。③ 创造的意义：艺术家式的创造、想象、探索的世界。④ 个性形式的意义：在自我观念上追求完美倾向，一个向成熟发展的世界。

幼儿园建筑造型是指构成幼儿园建筑的外部形态的美学形式，是人直接感知的建筑环境和建筑空间。建筑风格要均匀协调，活泼多样，色彩明快清新。利用对称均衡原理，使幼儿园环境整洁、美观、舒适、协调。在设计时应尽量满足幼儿的独立自主性、主观能动性以及探究创造性的需求。

幼儿在幼儿园的成长并非止于师幼之间的"教"与"学"，而是在人与空间环境的互动中动态发展的，因此，幼儿园建筑的外部造型应该反映"新、奇、趣、美"的幼教个性风格，应该具有童话中的"形"和流动的"色"，应该创造更多的"形"给幼儿去感知和"阅读"。如可以采用模拟的手法表达"童话"意境，将幼儿园建造的似城堡、钟楼、林中营寨等。重庆巴蜀幼儿园用提炼的动物形象（大象）作为造型基本元素，外形似有规律的大型积木堆砌组合，形象生动活泼，静中求动，多姿多彩，颇有童稚之气和新奇之感。富有童趣的外部造型，排除单一的、规矩的"方盒子"形状，将强制、约束、权力的显性表达淡化，使幼儿园成为孩子的童话王国，让幼儿在开始幼儿园生活之前就怀有遐想。

对于幼儿园的建筑艺术欣赏作品既要考虑代表优秀文化遗产，又要照顾学前儿童心理的接受能力。

一般来说，从欣赏他们喜爱的、极为熟悉的建筑艺术开始，再由浅入深地欣赏他们能理解的建筑艺术。欣赏建筑艺术既要注重欣赏它的形式美，同时也要从它的地理位置、文化背景来感受它的文化价值和审美价值（图3-1-27、图3-1-28）。

（二）幼儿对建筑物的创作

幼儿对建筑物的创作有两种形式，一是利用纸箱、纸盒等物，经过简单加工制作建筑物模型；二是利用幼儿玩具——积木，堆积、插接完成。幼儿在制作建筑物模型时，可以锻炼他们的想象能力以及手、眼、脑的协调能力（图3-1-29至图3-1-32）。

图3-1-27

图3-1-28

图3-1-29

图3-1-30

图3-1-31　　　　　　　　　　　　　　　　　　　图3-1-32

【思考、讨论、实践】

1. 用纸箱、纸盒或其他废旧材料制作建筑物，要有创新精神。
2. 用彩卡制作高楼，要求有底座、窗户、楼门，楼顶一层可以取出，观看楼体内部结构。

第二节　雕塑作品赏析

【学习目标】

1. 了解国内外古代、近现代雕塑的艺术成就。
2. 培养学生对雕塑艺术的审美和欣赏能力，增长外国雕塑艺术欣赏知识，陶冶情操，培养感受、体验、鉴赏艺术美的能力和健康的审美趣味，树立正确的欣赏外国雕塑艺术的审美观念。
3. 提高学生对欣赏国内外雕塑艺术品的语言表达能力和丰富的想象力。

【关键词】

秦汉雕塑　罗马雕塑　近现代雕塑艺术

一、我国雕塑赏析

我国的雕塑艺术具有悠久的历史和独特的艺术传统，在题材内容、形式风格、雕塑技法及其所使用的材质上都具有鲜明浓郁的民族特色和时代特色。在漫长的历史长河中，我国古代雕塑艺术有着自己的发展道路，如秦汉雕塑的雄浑、粗大，魏晋雕塑的健朗和潇洒，唐宋雕塑的丰富、端丽等。我国古代雕塑也充满了写意传神的特点，它侧重雕塑作品的表面和细部，由外在形象所引发的感觉和意境，把人们引向一个艺术世界。

（一）我国雕塑发展概况

1. 古代雕塑

在我国古代，雕塑题材一般分为陵墓雕塑、宗教雕塑和劳动生活及民俗雕塑。艺术门类有圆雕、浮雕、纪念性雕塑、案头雕塑、建筑及器物装饰雕塑等。雕刻材料丰富多彩，除了青铜、石、砖、泥、陶瓷等材料，还有玉雕、牙雕、木雕等。

我国古代雕塑艺术的发展过程大致可以分成秦汉以前、秦汉、三国两晋南北朝、隋唐、五代宋辽金和元明清六个阶段。

（1）秦汉以前

这是我国古代雕塑的萌芽和发展时期。原始居民在将石块和石片打制或磨制成劳动工具或装饰品时，原始雕塑艺术开始萌芽。进入新石器时代后期，陶塑和泥塑的出现宣告了我国雕塑艺术的诞生。

实用价值和审美价值的高度结合是当时雕塑的根本特征。作品主要是人和各类动物形象，以及神话传说中的龙的形象等。制作材料以陶土为主，也有少量的石、玉、牙、骨等材料。辽宁省牛河梁红山文化遗址出土的相当于真人头部大小的女神头像，是迄今发现的新石器时代重要的大型泥塑作品。进入奴隶社会后，商、周时期的雕塑作品，从形式来看，具有以华丽、繁饰为主，兼有自然、朴素的特征。从艺术典型创造来看，由于对功利的过分强调，绝大部分商周青铜雕塑重共性而轻个性。从传统来看，商周雕塑继承原始雕塑的经验，逐渐形成了将写实因素与装饰因素结合起来的民族雕塑艺术，如商代的象尊、犀牛尊等。河北省平山县战国墓中出土的虎噬鹿，四川广汉三星堆文化遗址出土的青铜人物立像和数十具青铜人像、人面像，是秦汉以前罕见的雕塑艺术珍品。

（2）秦汉时期

秦汉时期雕塑水平达到中国历史上第一个高潮。古代雕塑艺术作为独立的艺术形式，在秦汉时期已经进入成熟阶段和快速发展时期。秦代兵马俑壮阔的气势、汉代大型仪卫性石雕雄浑质朴的风格，共同缔造了秦汉时期的雕塑艺术，对后世产生了深远的影响。秦代兵马俑及汉代霍去病墓，有着不可估量的价值。它显示出我国在 2 000 多年以前的雕塑艺术水平就已很高，是古代劳动人民智慧的结晶。

（3）三国两晋南北朝时期

三国、两晋、南北朝时期是我国古代雕塑的全面发展时期。特别是佛教造像的兴起，在表现人物造型上脱离了以前的古拙样式，是中国人像雕塑在艺术表现手法上的一大进步。南朝陵墓的石兽雕刻，成为唐帝陵石雕的前驱和榜样。

（4）隋唐时期

隋和初唐融汇了南北朝时北方和南方雕塑艺术的成就，又通过丝绸之路汲取了域外艺术的养分。到盛唐时雕塑艺术大放异彩，创造出具有时代风格的不朽杰作。最具时代风格的作品，首推帝王陵墓前那些气势雄浑、华丽的大型纪念性群雕。隋唐雕塑作品的题材，主要是陵墓雕刻、随葬俑群、宗教造像，也有供玩赏的小型雕塑艺术品，如儿童玩具等。此外，用于建筑或器皿装饰的工艺雕塑，也有精美的作品。隋唐雕塑的题材、技法和风格，特别是宗教造像，对日本、朝鲜等国的古代雕塑有很大影响。

（5）宋元时期

宋代的雕塑家创造了许多动人的形象，并且也创造了更接近生活的平凡人的形象，如罗汉像和道教像。太原晋祠圣母殿的 44 尊侍女像表现了侍女们多种动态的神情，有充分的生活根据，但又经过了提炼整理。这些女像的绝大部分，无论面型、身材比例、眼和口的表情、身体的动作，以及对衣褶飘带等的处理，都细致、含蓄，并取得统一的效果，共同刻画出女性的聪慧可亲的性格。

（6）明清时期

明清雕塑艺术的制作活动，在空前丰厚的社会物质财富基础上和不断改进工艺技术的条件下，为适应封建统治阶级宗教的、精神的以及奢侈豪华生活等方面的需要而普遍地活跃起来。其中的陵墓雕刻与宗教雕塑，特别是在朝廷直接控制下所产生的作品，规模大，材料贵重，制作精细，但大多缺乏创造性和生命力。雕塑创作不复有汉唐时期的雄伟气势，而呈现衰微之势。一些与广大人民群众尤其是市民群众及知识阶层有着较密切关系的各种小型的案头陈设雕塑和工艺品装饰雕刻，则有显著的发展，出现了生机勃勃的景象，代表着这一历史时期雕塑艺术的新成就。就总体艺术风格而言，明清时期的宗教雕塑作品多趋于程式化，世俗雕塑多趋于装饰化和工艺化。

2. 近现代雕塑

"五四"新文化运动前后，一批留学生赴欧洲、日本学习了西洋雕塑技法后，在国内美术院校开设雕塑科、系。中国雕塑在内容和表现方法上都出现了新的变化，各地曾兴建了一些孙中山纪念像和民主革命家、抗日战争烈士的纪念碑，并出现一批知名雕塑家。

中华人民共和国建立以后，比较大的雕塑创作活动是 1958 年建成的人民英雄纪念碑。1982 年，中国美术家协会提出《关于在全国重点城市进行雕塑建设的建议》，成立了全国城市雕塑规划组和全国城市雕塑艺术委员会，领导着全国城市雕塑创作活动。在此前后，全国各地兴造了很多纪念碑、园林环境雕塑和名人纪念像，对美化环境、改变城市景观、进行爱国主义教育都起着重要的作用。与此同时，硬质材料的架上雕塑、小型雕塑也有很大发展。此外，中国雕塑家还应外国邀请或作为国家赠礼创作了一些大型雕塑作品，矗立在海外。

（二）我国雕塑作品的鉴赏

1. 古代雕塑艺术鉴赏

（1）秦兵马俑

秦兵马俑出土于1974—1976年，主要以兵俑和马俑居多。体态与真人等大，数量众多，神态各异，甚至细节都非常逼真。姿势有立、有跪。有驭手、射手，有军官、士兵。这些陶俑的身体均先模制而成，然后运用捏、贴、堆塑等手法对手、足、头部等处进行细部加工，所以其人物的姿态相近，面貌却不同。马俑形象写实，身材矫健，可见当时雕塑者对生活观察之细致、对塑造技术之精通。据说万千兵马俑没有重样、雷同的，可用"栩栩如生"这个词来形容。陶俑原有敷彩，出土时大部分已失。人物比例合适，动态自然。秦俑的单件作品都有很强的动作个性，有的手持利剑，有的伫立凝视，有的坚定刚毅。但整体上不在乎细节变化，不是完全照搬现实，在躯方头圆上有强烈的体块对比、疏密变化、动静之别。这些陶俑的形象包括各级军官和士兵，排列整齐，气魄宏大，那巨大的体量和数量，以及那身材高大、气宇轩昂的人物形象所体现的自信力和崇高感，以及那气吞山河的雄强气势，是前所未有的（图3-2-1、图3-2-2）。它使人联想到李白赞颂秦始皇的"秦王扫六合，虎视何雄哉！"确非溢美之词。

图3-2-1

（2）西汉霍去病墓

它们是为纪念西汉名将霍去病而创作制造的。其体积之大，风格之独特，在中外雕塑史上都是罕见的。"马踏匈奴"高1.9 m，作者用隐喻的手法，借战马的形象来体现霍去病的威猛和战功卓著，充分体现出纪念性雕塑的概括性。整个雕塑浑然一体，四肢之间没留空间，增强了体量的沉重感。石雕采用巨大整体石块，就其自然外形加以艺术处理，灵活使用圆雕、浮雕、线刻的表现手法，使之完全服从于雕塑的整体造型。"卧虎"在虎形上运用了寥寥几条简单的阴刻线，就表达了它的内在精神。

图 3-2-2

　　这组石雕群在20世纪20年代被挖掘、整理、保护起来，是我国雕塑艺术史上的光辉一页，它给人们带来无穷的艺术享受和创作启迪（图3-2-3、图3-2-4）。

图 3-2-3　　　　　　　　　　　　　　　　图 3-2-4

2. 现代雕塑艺术的鉴赏

（1）人民英雄纪念碑

人民英雄纪念碑位于北京天安门广场中心，纪念碑呈方形，建筑面积为3 000 m²。分台座、须弥座和碑身三部分，总高37.94 m。台座分两层，四周环绕汉白玉栏杆，四面均有台阶。台座上是大小两层须弥座，上层小须弥座四周镂刻有以牡丹、荷花、菊花、垂幔等组成的八个花环。下层须弥座束腰部四面镶嵌着八幅巨大的汉白玉浮雕，分别以"虎门销烟""金田起义""武昌起义""五四运动""五卅运动""南昌起义""抗日游击战争""胜利渡长江"为主题，在"胜利渡长江"的浮雕两侧，另有两幅以"支援前线""欢迎中国人民解放军"为题的装饰性浮雕。浮雕高2 m，总长40.68 m，浮雕镂刻着170多个人物形象，生动而概括地表现出中国人民100多年来，特别是在中国共产党领导下28年来反帝反封建的伟大革命斗争史实（图3-2-5）。

图3-2-5　人民英雄纪念碑

图3-2-6

（2）《和平少女》雕像

《和平少女》雕像（图3-2-6）创作于1985年，立于日本长崎反原爆和平广场。这是我国以国家名义赠送给日本国际和平广场的一座石雕，潘鹤与王克庆、郭其祥、程允贤合作。作品表现和平环境不容侵犯，力求突出一种纯洁和平的感觉。

1983年国家领导人出访日本，答应以国家名义赠送一尊塑像给长崎的和平广场永久陈列。《和平少女》的初稿很快被选中。因限制雕塑基座不得高于2 m，为了使整个雕像看起来更高大突出，创作者们在设计上将和平少女上半身前倾，双手向后护卫着白鸽。从横向空间上，整个体积比例的雕像大了许多。少女纯洁温柔的微笑和优美的身体线条，给人以宁静祥和的美好感受。这是安放于国外的第一座中国雕塑。

和平少女纪念像不仅表达了中国人民对世界和平的期盼与美好祝愿，也表达中国人民对长崎人民的友谊与和平祝愿。雕像所创造的气氛唤起人们爱护和平的愿望，并把这一愿望用雕塑有形地记录了下来。

二、西方雕塑赏析

西方雕塑至今已有几千年的历史，各个国家和地区、各个民族、各个时代的作品极其丰富，题材内容广泛，形式风格多种多样。今天我们所要了解的外国古代雕塑艺术，包括自旧石器时代晚期至欧洲文艺复兴时期，在这段时期中出现了以埃及雕塑、希腊雕刻、罗马雕刻、中世纪雕刻和文艺复兴时期雕刻为代表的外国著名雕刻艺术。这些亚、非、欧三大洲主要文明古国的优秀作品，一直是世界文化艺术遗产的瑰宝。

（一）西方雕塑发展概况

西方最早的雕塑是石器时期的《维伦多夫的维纳斯》。此后，在墨西哥湾地区出现了古典前期文化即奥尔麦克文化，为满足宗教需要，雕刻家们雕刻了许多巨大的石雕头像。

作为人类文明重要发祥地之一的古埃及，在雕塑艺术上曾结出了丰硕的果实。埃及雕刻是为法老政权和少数奴隶主贵族服务的。由于受宗教思想意识支配，严格服从上层社会的审美观点和需要，美术家墨守成规，在圆雕中严格地遵守"正面规"，不论人物站着还是坐着，人体都处在静止中，而且面部表情总是庄严平静地对着观众。立像多数僵直呆立，从头顶经胸腰直到脚跟都在一条垂直线上。直立的男人体，左脚向前，重心落在脚掌上。坐像总是促膝并足地坐着的。

希腊雕刻的题材大部分取自神话或体育竞技。爱琴海上有许多小岛屿，其中巴罗斯岛盛产大理石，为雕刻提供了最好的材料。古希腊人爱好体育，运动员毫不介意地脱掉衣服参加竞赛，在明朗的阳光照耀下，运动员健美的身体得到观众的赞美。因此对男女人体美的欣赏爱好便自然地在古希腊人的心目中培养起来，而雕塑家也很喜欢表现男性或女性健美活泼的各种姿态。

罗马雕刻在很大程度上是在继承了希腊雕刻遗产的基础上发展起来的。在装饰雕刻、纪念碑雕刻以及塑造裸体方面，罗马的作品都难以和希腊的作品相提并论。在肖像雕刻方面却有独特的贡献，希腊雕刻家追求表现人的所谓类型（美的类型），不是某一个具体人的形象，而罗马雕刻家在肖像作品中首先追求模特儿外形的逼真，同时注意人物个性的刻画。雕刻家们善于运用夸张、概括的艺术手法，细致地刻画人物，舍去繁琐的装饰，加强运动感，使作品给观众留下深刻的印象。古罗马雕塑是西方古代文明的重要组成部分，它对西方现实主义雕刻的发展作出了杰出的贡献。

历史上一般称欧洲的封建社会为"中世纪"，艺术史上把古罗马以后到文艺复兴前这段时间的西方艺术称为"中世纪的艺术"。从艺术遗产的角度来看，当时的雕塑家们也创造了不少属于人民的、有积极因素的好作品，在世界美术史上占有相当重要的地位。

文艺复兴时期，继承并发展了希腊、罗马雕刻艺术的传统，雕刻艺术达到了高度繁荣。最先出现的雕刻大师是季培尔蒂，佛罗伦萨洗礼堂的两扇青铜大门上的装饰浮雕是他的代表作。伟大的雕刻家米开朗基罗把这两扇大门赞誉为"天堂之门"。而米开朗基罗的出现，则标志着文艺复兴时期的雕刻艺术发展到了最高峰，他以写实的手法，用准确的人体解剖学塑造人物形象，使人的形态有很强的力度感，以雕刻的艺术语言塑造传神的形象，表现出雕刻家精湛的技艺。文艺复兴时期的雕刻艺术对后期的雕刻家有极大的影响。

（二）西方雕塑作品鉴赏

1. 维伦多夫的维纳斯（图 3-2-7）

作品产生于 2.5 万年前，雕塑体积小，供原始人随身携带。这尊雕像头部和四肢雕琢得十分笼统，脸部特征基本忽略，头发均匀地卷曲排列在整个头部上，但胸部突出，腹部宽大，女性特征被强调得极其夸张。人们推测它很可能是当时母系氏族社会崇拜的偶像，表达了早期人类渴望种族繁衍的愿望。同时，它也是旧石器时代母权制社会观念的反映。由于发现于维伦多夫山洞中，所以西方美术考古学家们戏称其为"维伦多夫的维纳斯"。这尊雕像被公认为人类雕塑艺术的开端。

2. 狮身人面像

古埃及的狮身人面像（图 3-2-8），是古埃及法老为了让人们崇拜统治者而建立起来的巨大的人工

图3-2-7

图3-2-8 狮身人面像

纪念碑。狮身人面像位于胡夫金字塔的旁边。雕像面向东方，高约20 m，全身长约73.2 m。雕像的面部据说是按照胡夫的特征雕刻的，身体则雕刻成狮子状。

3. 村长像

这件木雕立像（图3-2-9）高1.1 m，属第四王朝作品，原名叫卡别尔王子。当时，王子作为王族庄园的管理者，类似工头的地位，在田间监督奴隶劳动，兼及组织人力筑坝修水渠。据说这件雕像出土时一个旁观者惊叫道："这是我们的村长。"事实上他也像个村长，他那肥头胖脑的神气使人联想到一个乡村小吏的典型形象。

4. 维纳斯

维纳斯（图3-2-10）是古代罗马神话故事中的女神，相对应于希腊神话的阿芙罗狄忒，小爱神丘比特就是她的儿子。拉丁语的"金星"和"星期五"等词都来源于此。维纳斯也出现在诸多历代文学作品和西方油画里。影响力最大的艺术品是1820年在爱琴海米洛斯岛的山洞中发现的维纳斯雕像。

5. 大卫

大卫（图3-2-11）是以色列联合王国的第二任国王。大卫的意思是"被爱的"。在以色列所有古代的国王中，他被描述为最正义的国王，并且是一位优秀战士、音乐家和诗人。在这件作品中，大卫是一个肌肉发达，体格匀称的青年壮士形象。他充满自信地站立着，英姿飒爽，左手抓住投石带，右手下垂，头向左侧转动着，面容英俊，炯炯有神的双眼凝视着远方，仿佛正在向地平线的远处搜索着敌人，随时准备投入一场新的战斗。大卫体格雄伟健美，神态勇敢坚强，身体、脸部和肌肉紧张而饱满，体现着外在的和内在的理想化的男性美。这位青年英雄怒目直视着前方，表情中充满了全神贯注的紧张情绪和坚强的意志，身体中积蓄的伟大力量似乎随时可以爆发出来。雕像是用整块的石料雕刻而成，为使雕像在基座上显得更加雄伟壮观，艺术家有意放大了人物的头部和两个胳膊，使大卫在观众的视角中显得愈加挺拔有力，充满了巨人感。这尊雕像被认为是西方美术史上最值得夸耀的男性人体雕像。

图3-2-9　村长像　　　　　图3-2-10　维纳斯　　　　　　　图3-2-11　大卫

三、幼儿雕塑作品赏析与创作

　　幼儿的雕塑活动是美术活动的一部分。雕塑活动要求立体观察，可以培养幼儿养成从多方面观察事物的思维习惯。这种思维习惯对幼儿的成长在多方面都非常有利。同时还能养成幼儿勤于动手的习惯。

　　雕塑是用可雕刻的材料（如木、石、玉等）、可塑造材料（如黏土）或可熔铸的材料（如金属）制作出实体形象，以表达思想感情的一种艺术形式。雕塑是三维空间艺术最典型的样式，雕塑的分类有很多形式。从表现形式来分，雕塑可分为圆雕和浮雕。圆雕是不附在任何背景上，教师可以引导幼儿从四面八方观赏（图3-2-12、图3-2-13）。浮雕是在平面上雕出凸起的艺术形象，宜正面欣赏（图3-2-14、图3-2-15）。

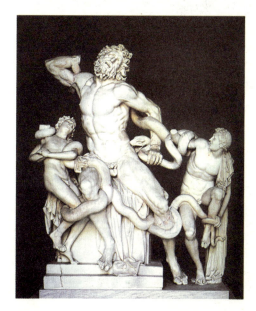

图3-2-12　泥瓦匠的儿子们　　　　　　　　　　　图3-2-13　美人鱼

图3-2-14 人民英雄纪念碑浮雕

雕塑的审美特色如下：

1. 实体是雕塑艺术语言的基础

不论哪一种雕塑，它的基本特征都是作品自身的实体性，教师在引导幼儿欣赏时应着重引导他们体验作品的形体所表现出的充沛生命力。不仅可以引导幼儿看，还可以引导幼儿触摸雕塑的材质，因为雕塑的媒介特点就是"质材在艺术之内"。

2. 表现的单纯性与精神内涵的丰厚性

受物质材料的限制，雕塑的造型必须具有凝练性、概括性，表现最有特征的、最典型的动作和表情。教师在引导幼儿欣赏时，要注意引导幼儿感受其表现的单纯性与精神内涵的丰厚性。

3. 环境的制约与重建性

教师还要引导幼儿联系周围的环境来欣赏雕塑，体验雕塑如何借助周围环境丰富自己的表现力，同时，周围场景和文化背景又如何赋予雕塑丰富的内涵。

雕塑的材料非常丰富，有黄胶泥、陶土、面包土、软陶土、树脂黏土、纸黏土等，幼儿多喜欢颜色鲜艳的橡皮泥。在生活中比较常见的是黄胶泥，它有黏度大、方便易得、经济适用的特点。用黄胶泥土雕塑，作品有返璞归真的生活气息。

图3-2-15 凯旋门浮雕

【泥塑作品鉴赏（图3-2-16~图3-2-22）】

图3-2-16

图3-2-17

图3-2-18

图3-2-19

图3-2-20

图3-2-21　　　　　　　　　　　　　　图3-2-22

【知识拓展】

彩泥制作步骤（图3-2-23~图3-2-26）
用粉色太空泥做底，白色太空泥做奶油（图3-2-23、图3-2-24）。

图3-2-23　　　　　　　　　　　　　　图3-2-24

制作带花纹的花样，并按自己喜欢的样子摆放（图3-2-25、图3-2-26）。

图3-2-25　　　　　　　　　　　　　　图3-2-26

【思考、讨论、实践】

1. 制作一件圆雕作品。
2. 依据幼儿故事或儿歌制作一组圆雕或创编故事情节。
3. 在教师指导下仿制一件泥塑作品。

第四章　其他美术作品赏析与创作

第一节　幼儿装置艺术赏析

【学习目标】

1. 了解装置艺术的发展概况。
2. 从学前教育的角度探索装置艺术的方法与要求。
3. 指导幼儿园环境中装置艺术的欣赏与创作的方法。

【关键词】

装置艺术　幼儿园　创作

一、装置艺术

（一）装置艺术的定义

1. 装置艺术的前身——"现成品艺术"

装置艺术，最早的说法是"现成品艺术"。20世纪初，法国杜尚利用自己评委委员的地位，把一件工业制成品——小便器贴上名字置放于博览会。以后他又推出了用自行车轮胎和木箱堆叠的"作品"，把印刷品《蒙娜丽莎》画像添上山羊胡子的"作品"。杜尚利用现成品进行艺术的行为既带来了争议，又成为新艺术的领跑者。现成品艺术就是装置艺术的前身。杜尚成了装置艺术的鼻祖。

2. 装置艺术的定义

装置艺术就是指通过错置、悬空、分割、集合、叠加等手法对现成品予以重新建构，置放于新的展示场所，并赋予其新的意义指向的一种艺术创造和展示方式。装置艺术的表现价值在于，让现成品本身的生活指向与社会意旨在展览场所等新环境中获得令人反思的新意义。

（二）装置艺术的现代意义

1. 装置艺术将实物直接呈示，把我们现实存在、现实生活、现实环境本身直露于面前，比之架上绘画具有更为强烈的视觉冲击力。

2. 装置艺术免除了手工艺的模仿，突破了传统艺术对媒介材料的局限，拓展和挖掘了现实材料本身的表现性品质。

3. 装置艺术使人们反观身边的物质世界和社会生活，对于我们的传统审美方式无疑是一次解放。

4. 装置把空间环境、观众纳入艺术作品中，激发了一般观众的想象与创造激情。

装置艺术是一种环境艺术，它不是一件孤零零的放置于某场所供人静观的单体，而是与周边环境，以至与参观者有着密切关系的环境装配。当装置走到这一步时，在很大程度上变成了一种超越传统规范与习俗局限的展示设计或环境设计，变成了一种转换视觉观察方式和思维路径的创新之举。

（三）装置艺术与传统艺术的"现成品利用"

在传统艺术形式中也有许多利用现成品完成艺术创作的例子，虽然我们不将其称为"装置"，但它已经初步具备了装置艺术中现成品再创作的特点。在民间美术作品中，捏泥人、塑面人、吹糖人等，如孙行者、何仙姑、钟进士，它们手中的道具，一般都是拿实物来充当的。

在中国的园林设计中，利用天然的现成物品进行艺术构思的例子比比皆是。北京景山是明清皇帝挖池造海时堆土而成，然后取来天然青石，巧妙覆嵌于山脚坡面上，从而形成了一处不减于真山实地的"自然"景观。北京北海公园里的太湖石，将玲珑剔透的太湖石放置于亭台楼阁旁，使之在新的环境中成为人们欣赏的对象。

直到现代的装置艺术作品中，从自行车轮胎、马桶、海绵、汽车零件等工业制成品，到桌椅门板等家具生活用具，再到动物标本等，实物艺术的应用在某种程度上已经到了消弭艺术的"非艺术化"之境。

（四）国内装置艺术的几次大胆尝试

"八五新潮"美术中的装置艺术：以1984年举办的"前进中的中国青年美术作品展览"为契机，中国当代艺术的发展进入一个"新潮美术"，或"八五美术时期"。

1985年11月，太原"山西七人现代艺术展"中，参展的60多件展品除了少量的油画作品之外，大部分是由画布、金属、木材、草绳、玻璃器皿、照片、电线、手套等实物材料组合拼贴而成。

1986年举办"厦门达达艺术展"。

1988年10月，在中国美术馆举办的"徐冰版画艺术展"，以4 000多个自篆自刻的繁体"伪汉字"，按古版线装书的格局，铺排组合，活版印刷，在展厅内以装置艺术的形式，悬垂张挂，构成无法释读的"天书"，命题为"析世鉴——世纪末卷"，整个空间有如神殿，又如灵堂，在美术界引起强烈的反响。专家们认为它的作品集中地反映了时代普遍的困惑意识，达到了极高的艺术纯度，标示着中国真正现代主义的出现。徐冰的伪汉字，是解构中国各个繁体字后，再重新拼装成阅读上不具任何意义的组合字体，也是艺术家尝试为一个"没有意义"的创作付出的庞大过程。

1988年，北京中国美术馆举办"吕胜中剪纸艺术展"。艺术家开始寻求各种方式表达对过去的反思和对未来的憧憬。吕胜中以"招魂堂"——后来为人熟知的剪纸"小红人"，表达了他对道的生成与皈依的思考。"小红人"为现代人招魂，也为中国艺术界补充了一个被遗忘已久的维度——古老的民间艺术，而吕胜中本人亦由此进入中国当代艺术史。

1989年2月5日，中国现代艺术展在中国美术馆开展，在中国当代艺术史上留下重要位置的作品有吴山专《今天下午停水》、黄永砅《将〈中国绘画史〉和〈现代绘画简史〉在洗衣机里搅拌了两分钟》。

二、幼儿装置艺术

（一）幼儿装置艺术的含义

1. 幼儿手工取材"现成品"即装置艺术

在幼儿园手工制作中大量运用"现成品"，与装置艺术不谋而合。现代艺术本身具有儿童稚拙朴素的审美特点。幼儿大都喜欢对现有物品进行再创作，一方面因为其手部不够灵活，另一方面在孩子眼中物品的实用性弱化。实践经验的不足反过来促进了幼儿对材料新的想象和创造。

2. 在幼儿园环境布置中的装置作品与幼儿互动

在幼儿园环境布置中，装置作品的展示已经成为环境的一部分，甚至还具有了新的实用功能。传统的环境背景，或者过于机械化或者过于成人模式，已经不能满足孩子的审美需求。将装置艺术引入幼儿园的环境，使幼儿能够与生活中的现成品组成的装置艺术进行更为生活化与亲近的交流，成为现代幼儿的心理取向。

3. 装置的记忆与情绪感染幼儿

生活中的每一件物品，无论是使用中的，还是即将丢弃的，都携带着使用者的记忆成分，成为某个故事、生活片段或人们喜怒哀乐的载体。将这些生活现成品收集和整理起来，完成新的装置作品，在情感上与幼儿是非常贴近的。幼儿园装置艺术，会更加教育和感染幼儿。

（二）幼儿装置艺术的作品鉴赏

在幼儿园环境布置中出现的幼儿装置艺术作品（图4-1-1~图4-1-3）。

图4-1-1

图4-1-2

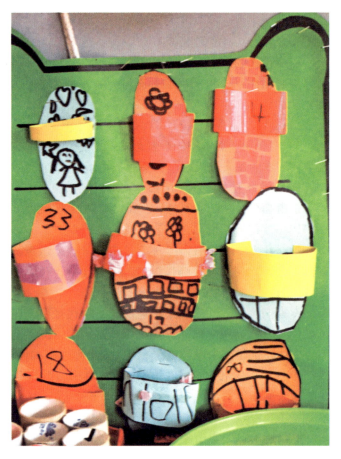

图4-1-3

【知识拓展】

1. 安东尼对后现代主义时期装置艺术的评价

美国艺术批评家安东尼·强森（Anthony Janson）对后现代主义时期装置艺术如此引人注目是这样解释的："按照解构主义艺术家的观点，世界就是'文本'（text），装置艺术可以被看做这种观念的完美宣示，但装置的意象，就连创作它的艺术家也无法完全把握。因此，'读者'能自由地根据自己的理解进行解读。装置艺术家创造一个另外的世界，它是一个自我的宇宙，既陌生，又似曾相识。观众不得不自己寻找走出这微缩的宇宙的途径。装置所创造的新奇的环境，引发观众的记忆，产生以记忆形式出现的经验，观众借助于自己的理解，又进一步强化这种经验。其结果是，'文本'的写作，得到了观众的帮助。就装置本身而言，它们仅仅是容器而已，它们能容纳任何'作者'和'读者'希望放入的内容。因此，装置艺术可以作为最顺手的媒介，用来表达社会的、政治的或者个人的内容。"

2. 麦克尔对装置艺术兴起的评价

另一位评论家麦克尔（Michael Kim Melman）则指出：装置艺术在当代兴起，与它的文献记录功能有关。它在这方面的潜能，远远超过绘画、雕塑和摄影等艺术形式。此外，装置艺术的兴起，也可以看做对"极少主义"美术的反动。如果说"极少主义"几至虚无的直接和简单，在一定程度上反映了后工业社会对速度、效率的崇拜，那么装置艺术的多多益善，则迫使观众放慢节奏。因此，装置艺术似乎满足了繁忙的当代人的生理需要和心理平衡。由于装置艺术中众多的艺术门类，以及众多实物的非逻辑、非再现的陈列，它们之间的张力构成了无穷大的观念的"排列组合"关系。同时，装置艺术还充分反映变化中的世界，因为装置艺术中静止的物品并不是绝对静止的，它们所存在的空间环境和社会处于永恒的运动中，因此它们本身的意义也在不断变化。

3. 后现代社会摒弃极端拥抱兼容的特征

后现代社会的另一特征是摒弃极端，拥抱兼容。地球村的逐渐形成，意识形态的对立被经济合作所取代。折中、含糊成为国际的主调。在瞬息万变的时代，就像未来主义艺术家在他们的宣言中所说的："试图使用逻辑来精微准确地解释一切，解释其因果关系，是一种愚蠢的想法。因为我们周围的现实，互为牵连的事物向我们劈头袭来，它们契合在一起，混合在一起，混沌无序。"装置艺术正是这样一个说不清的世界——杂乱的实物，令人目不暇接的录像，昏乱怪异的声响，玄言断句，雕塑加绘画。这体现西方当代人迷茫而又无可奈何，不得不以自我为中心，放弃传统宗教，在神秘中寻求对不可知的答案。装置艺术解读的不确定性暗示这种神秘，承认人类的认知是相对的，而无法逾越的不可知才是绝对的。

【知识小结】

装置艺术在现代社会中，成为传播最广泛，社会争议最大，也最为贴近民众生活的艺术形式。这种具有时代性的先进造型理念不仅作为一种时尚的符号写进中国当代艺术历史，更在各个领域中都有着广泛的应用。在幼儿园的教学与环境中，装置的作品已经随处可见。总之，无论我们是否认识装置艺术，是否懂得装置艺术，它都无孔不入地渗透进我们的生活中，对幼儿艺术等各个方面教学发挥着深远的影响。

【思考、讨论、实践】

1. 在幼儿园的手工课堂中，怎样运用装置制作作品？
2. 在幼儿园环境布置中，装置艺术可以体现在哪些方面？
3. 还有幼儿的哪些领域与装置有关？

【本节在幼儿园教学活动中的应用】

1. 现成品材料组合练习。
2. 教师命题，现成品取舍，拼贴组织作品。
3. 大型景观中的装置设计与材料选用。

第二节　影像作品赏析与创作

【学习目标】

1. 初步了解电影艺术、电视艺术、影像艺术等与幼儿相关的表现形式。
2. 探索与幼儿相关的表现形式。
3. 学习与幼儿相关的一般创作流程。

【关键词】

影像作品

影像作品是指通过光学等器物在感光材料或其他介质上记录景物形象来反映客观事物的作品。影像作品的子概念有影像纪录作品和影像艺术作品。影像艺术的特征：以时间轴的展开为叙述模式，以动态的虚拟形态和空间为视觉表达手段，音画结合、视听结合的多重媒介运用。影像表达的心理依据是人们总习惯将事物进行队列比较，从而产生定向的联想和概括，事物之间本来就存在广泛的联系，例如，镜头之间的联系，人们有忽略次要情节的倾向。

人的思维特点之一是有选择的记忆，通过剪辑省略一切不重要过程的时间和空间。从静到动的幻觉，影视通过间歇性运动造成运动的幻觉，格式塔心理学与运动幻觉原理，尊重观众的心理认同与心理补偿。从平面到立体的幻觉，影视是一种运用透视原理及其规律以平面空间表现立体空间的艺术样式。

一、电影艺术

电影艺术是现代科学技术与艺术相结合的产物。电影艺术是以画面和音响为媒介，在银幕上创造出感性直观的形象，再现和表现生活的一门艺术。1895年12月28日，法国卢米埃尔兄弟在法国大咖啡馆播放《火车进站》《水浇园丁》等电影短片，成了划时代的历史记录。电影的样式分为故事片、纪录片、科教片、美术片四大类。

电影艺术的美学特性表现为造型性与运动性的有机统一，逼真性与假定性的统一，综合性与技术性的有机统一。蒙太奇是电影最基本、最独特的艺术表现方法。电影的蒙太奇，除了镜头内部、镜头与镜头之间的组合关系外，还包括画面与音响、音响与音响之间的组合关系，由此形成各个有组织的片段、场面，直至一部完整的影片。银幕上的世界是一个特殊的时空复合体。电影是各类艺术人员集体智慧的结晶，导演是影片摄制的中心，他必须以电影文学剧本为基础，进行全面设计、总体构思，充分调动各个艺术和技术门类的创造性，共同完成影片创作。

与幼儿相关的优秀电影有《狮子王》《爱丽丝梦游仙境》《哈利·波特系列》等（图4-2-1、图4-2-2）。

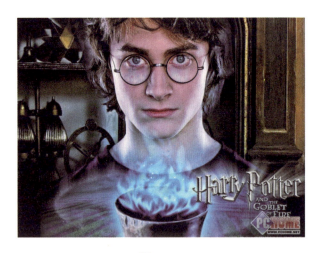

图4-2-1　　　　　　　　　　　　　　　　　　　　图4-2-2

二、电视艺术

（一）电视剧

电视艺术是一门年轻的艺术，1936年英国广播公司在伦敦正式播放电视节目，标志着电视的诞生。电视剧是电视艺术的主要类型，主要包括单本剧、连续剧、系列剧或小品等。电视机荧幕小，画面小，清晰度差。镜头多用中近景和特写，少用远景和全景，场景转换不宜太快。电视剧给观众以想象空间和介入机会，引人入胜，逼真地反映生活。

凡是能够给审美主体带来审美愉悦的客观存在物便可称之为艺术。艺术曾经需要并且永远需要丢掉实用性，创造出幻想的生活。卡努杜《第七艺术宣言》把电影称为第七艺术，而自贝尔德发明电视以来，电视已愈发被世人认可为第八艺术，于是电视艺术的概念也随之产生并被广泛认可。电视艺术是以电子技术为传播手段，以声画造型为传播方式，运用艺术的审美思维把握和表现客观世界，通过塑造鲜明的屏幕形象，达到以情感为目的的屏幕艺术形态。

（二）电视动画片

电视动画片深受人们喜爱。在动画制作上，计算机合成技术使过去不可能人工做出来的场景，被惟妙惟肖地合成出来，甚至有了三维效果。在表现手法上，计算机合成也如同电视艺术一样，大量借鉴了电影艺术的表现模式。今天，我们已经可以看到，电影艺术、电视艺术和计算机合成技术往往同时出现在可视作品中，三者在视频艺术中不可分割、水乳交融。儿童爱看动画片，这是很自然、很正常的事情。作为家长，应该理解孩子们的喜好。在动画世界里，动画实现了在现实生活中不能实现的梦想，弥补了现实生活的缺憾。从积极的效果看，儿童观看动画片至少具有以下几方面的作用。

1. 动画片可以满足儿童娱乐的愿望，将自身投射到某一角色上。比如很受女孩子欢迎的芭比娃娃，每个小姑娘都想变成她，既漂亮又有气质，符合儿童心理需要。

2. 动画片可以充当儿童暂时的伙伴，一个健康的环境对儿童的成长至关重要。

3. 动画片可以为儿童提供有关社会和自我等方面的知识，孩子的社会交往能力需要自幼开始培养。一些表现人际交往美好情感的卡通可以对孩子产生积极的影响。

4. 动画片可以帮助儿童培养自控能力和勇敢精神，养成良好的行为习惯，男孩了到一定年龄就会开始看《蜘蛛侠》《变形金刚》等，这些宣扬忠实友谊和勇于冒险精神的动画片（图4-2-3）。

5. 动画还可以引导孩子树立正确的人生观。

影视三维动画涉及影视特效创意、前期拍摄、影视3D动画、特效后期合成、影视剧特效动画等。随着计算机在影视领域的延伸和制作软件的增加，三维数字影像技术扩展了影视拍摄的局限性，在视觉效果上弥补了拍摄的不足，在一定程度上电脑制作的费用远比实拍所产生的费用要低得多，同时减少剧组因预算费用、外景地天气、季节变化而产生的制作成本。制作影视特效动画的计算机设备硬件均为3D数字工作站。制作人员专业有计算机、影视、美术、电影、音乐等。影视三维动画可以将简单的影视特效到复杂的影视三维场景表现得淋漓尽致。

图4-2-3

三、影像艺术

随着科学技术的发展，摄影、电影、电视和计算机及其派生技术陆续出现，影像视觉与媒介技术结合成为新的艺术实验场。在这一过程中，科学技术的进步为影像艺术的创作提供了制作、存储和传播的手段。现代影像艺术的内涵也发生了变化，它主要是指利用公共媒体中的电视、电影、录像、计算机等影像技术和数字成像设备制作的新形象，表达艺术家个人观念，同时追求在场效应和艺术互动性的综合艺术样式。影像艺术是艺术与技术的结合体，涵盖了摄影术发明以来的新媒介类型：电影、电视、录像、计算机、网络和数字艺术。

四、与幼儿相关的表现形式探索的可能性

（一）计算机合成艺术

准确地说，计算机合成是随着计算机技术的发展应运而生的技术。计算机合成技术逐渐被运用到电影、电视、计算机视频等艺术形式中，并越来越发挥着十分重要的作用，形成了全新的可以自成一

体的合成艺术。

（二）动漫设计知识

精通艺术与技术的复合型动漫人才，比如游戏设计师，除了程序知识、开发知识，表达与绘画能力尤为重要。目前动漫行业有6类紧缺人才，即故事原创人才、动画软件开发人才、二维三维动画制作人才、动画产品设计人才、网络和手机游戏开发人才以及动画游戏营销人才。网络游戏的兴起及国家对动漫产业的大力支持，动画及游戏产业的远大前景，动漫创作工作的时尚和高薪，吸引了越来越多人的眼球，北京、上海、深圳三地数码动画设计师培训逐渐显现出火爆趋势。目前广大需求的动漫人才主要集中在数码信息公司、媒体、影视公司、动画公司、游戏公司等。

据了解，动漫行业岗位有上色、中间画、原画、分镜、造型、编剧、导演等，按照顺序越往后越高级，对从业人员的专业要求也越来越高。低级别岗位从业人员可以是动画专业的毕业生，也可由美术类专业或者计算机专业转岗，但动画产业的高层次人才基本上是相关专业毕业生，在经历了实践考验逐步提高后，才有可能达到岗位要求。

动漫设计与制作专业培养具有良好思想道德和文化修养，能系统掌握美术基本知识、基本技能及动画制作知识，具有较高的审美素养和审美能力，具有应用数码技术进行动画艺术创作的技能，能熟练掌握动漫设计的基本知识和运用计算机辅助设计的基本技能，具有较强的创新能力和动手能力，运用现代设计手段，能从事电脑美术创作、影视动画创意及广告制作、动画特技制作的应用技术型复合人才。

与幼儿园有关的从业方向：卡通连环画（见图4-2-4~图4-2-8）的创作，动漫设计与制作专业课程，美术基础、二维动画、三维动画类课程在专业课程体系中占有极为重要的地位。美术基础类课程是进行动画艺术创作、计算机美术创作不可或缺的基础知识；二维动画和三维动画类课程是运用计算机辅助设计的基本技能进行动漫创作的关键。由此可见，这三类课程保证了动漫设计与制作专业培养目标的实现。

图4-2-4

图4-2-5

图4-2-6

图 4-2-7

图 4-2-8

（三）与幼儿相关的一般创作流程的学习

影像艺术以时间轴的展开为叙述模式，以动态的虚拟形态和空间为视觉表达手段，音画结合，视听结合。影像表达的心理依据是人们总习惯将事物进行排队、比较，从而产生定向的联想和概括。事物之间本来就存在广泛的联系，如镜头之间的联系。人们有忽略次要情节的倾向，人的思维特点之一是有选择的记忆，通过剪辑省略一切不重要过程的时间和空间。

从静到动的幻觉：

1. 影视通过间歇性运动造成运动的幻觉。

2. 格式塔心理学与运动幻觉原理。

3. 尊重观众的心理认同与心理补偿。

从平面到立体的幻觉：

1. 影视是以平面空间表现立体空间的。

2. 透视原理及其规律。

3. 散点透视。

在日常生活中观察外界事物时，我们的注意力总是被好奇的内心要求和客观事物本身所吸引，而不断转换着方向和距离。我们对事物的认识总是循序渐进的，影视是以日常的视觉心理和思维方法为依据组织安排画面的。人们观察事物在一定时间内总是带有一致的眼光，同一场景的镜头必须保持时空完整和统一。

影像作品创作流程：

1. 创作构成。

2. 分镜头创作。

3. 人员器材组织。

4. 拍摄。

5. 素材采集与选择。

6. 剪辑。

7. 完成创作。

【知识拓展】

　　人类的审美活动像一条长河，绵绵不断地从远古流淌到了今天，留下了无数物证，构成一部美术的历史。在西方美术史中，以美的尺度作为艺术标准的意大利文艺复兴，使欧洲古典主义延续了几个世纪。19世纪中期以后，随着现代工业社会的崛起，现代主义的艺术观念也逐渐形成。而对光线"印痕"的记录和保存，一直是西方艺术家认识和研究现实影像并运用于艺术表现的重要媒介。1839年，法国人达盖尔发明了摄影术。1877年，墨布利吉利用相机记录了连续性的影像。1895年12月28日，法国人卢米埃尔兄弟第一次向公众展示用他们发明的"活动电影机"拍摄的电影，这一天被确定为电影诞生日。进入20世纪后，美国RCA公司于1939年在纽约世博会上展出了电视机，它作为一种新媒介的出现，深刻地影响了人类的生活方式和思考方式。第二次世界大战后至今，电视媒介以惊人的速度得到普及，世界日益被电视媒体所支配。随后影像复制技术的不断革新持续地改变着整个影像世界，直至数字化的文艺复兴。

　　古希腊柏拉图曾经把世界分为可知世界和可见世界。可见世界就是现实世界，而现实世界又分为实物和影像两部分。我们周围的自然物、人造物和一切自然界都是实物，而绘画等则是影像。中世纪的奥古斯丁则在他关于美的论述中将物质美归结为上帝的影像和符号。我们现在使用的"影像"概念在《现代汉语词典》中解释为：① 肖像、画像；② 形象；③ 物体通过光学装置、电子装置等呈现出来的现状。而在"百度百科"上解释为："广义影像可分为3种：① 摄影影像；② 扫描影像；③ 数字影像。一种由间接扫描成像而得到；一种由模拟影像（如摄影相片）通过重采样进行扫描数字化获得；一种由数字影像磁带回放扫描成像。"而对于艺术领域范围内的影像，一般可以理解为由照相机、摄影机、摄像机、计算机等成像设备制作出来的可见视像，包括静态和动态的。

　　中国有手影、纸影、皮影戏等传统形式记录影像的例子（图4-2-9、图4-2-10）。

图4-2-9　　　　　　　　　　　　　　　　　　　　图4-2-10

五、中外儿童影视发展现状

　　美国出版的《电影术语词汇》一书，对儿童电影有这样的解释：具有专为吸引儿童及供儿童娱乐的内容及处理手法的故事片。我国《电影艺术词典》中，对儿童片是这样解释的：从培养儿童的需要出发，从儿童本身的精神需要出发而拍摄的，适合他们的欣赏特点和理解能力的影片。

（一）创作资源的差异

美国迪斯尼，从拍摄的第一部《白雪公主》到现在已有70多年的历史，一提起美国儿童电影总是和迪斯尼联系在一起。《哈利·波特》系列、《小鬼当家》系列、《总动员》系列由美国迪斯尼凝聚的一批电影人精心创造。

从20世纪90年代起，伊朗电影频频在国际电影节上获奖，成为世界影坛上的亮点。比如马基德·麦迪吉的《小鞋子》、贾法·帕纳希的《谁带我回家》、萨米拉·马克马巴夫的《黑板》、伊伯谦、富鲁撒殊的《水缸》等都是蜚声国际的儿童电影。故事都从大处着眼，细处落笔，在平凡普通中透露出新颖奇巧，在平实温馨的氛围中开掘出积极向上的主题。这正如《小鞋子》的导演马基德·麦迪吉所说：用最朴素最单纯的电影语言表达最深刻的人生。《小鞋子》的故事非常简单，哥哥阿里和妹妹莎拉同在一所学校读书。因家里穷，妹妹的鞋子坏了不能买新的，哥哥只好拿着坏了的鞋子去找鞋匠缝补。谁知发生了意外，那双补好的鞋子被遗忘在阿里去买土豆的菜摊上，恰好又被人拣走。兄妹俩只好穿一双哥哥的旧鞋上学。这一对兄妹上学的学校正好是二部制，于是两双脚轮流穿一双鞋，在鞋子的交换过程中不断出现意外。电影从一双不起眼的鞋子入手，披露了伊朗少年儿童穷困的生活状况。穷困是伊朗的社会问题，而影片在对社会问题的披露中不是概念化的，而是充满了童趣。比如当阿里得知妹妹发现了自己丢失的那双鞋穿在一个同学的脚上时，他俩雄赳赳气昂昂地去那个同学家想要回那双鞋，但他们却发现那个同学家比自己家还穷困，只好垂头丧气地离去。再比如当阿里得知区里举办的赛跑比赛第三名可以得到一双鞋子时，便苦苦哀求老师同意他参加比赛，在比赛中他一直控制自己只跑第三名。不料他摔倒了，为了取得名次，他爬起来使劲跑，结果跑了个第一名。当学校校长和老师为他庆贺时他却大失所望，因为第一名的奖品不是鞋子。由此可见，伊朗电影的成功在于题材虽小可挖掘较深；人物不多可形象丰满；线索单一可意义深远。显然伊朗电影创作者很重视影片的思想性、艺术性、观赏性及特殊小观众的针对性。伊朗儿童电影形成了自己的品牌，他们拍摄的儿童片蜚声国际影坛。

我国的儿童电影如《三毛从军记》《小兵张嘎》《喜羊羊与灰太狼》《葫芦娃》等儿童影片与动画片也日益增多，但在技术、资金等多方面还需要提高，相信聪明的中国人可以创作出更好的儿童影片。

（二）影片内容的差异

儿童电影的制作者是成年人，可儿童电影的接受者大都是儿童，这就需要儿童电影工作者有两种审美意识，一种是创作者自我的成人审美意识，另一种是来自接受者的儿童审美意识，这两种审美意识的协调作用，构成了儿童电影工作者独特的双向结构的心理视角和心理层次。因此，儿童电影主创人员必须具备特殊的艺术创造力和表现力。这主要表现在儿童观众的可接受性上，即具体性、活跃性、明快感和新奇感。一方面，把平凡常见的事物幻化成奇妙的异常形象；另一方面，把深奥复杂的事物演变成浅易明了的形象。

1. 价值取向

儿童电影创作者应该避免刻意地去担当正确引导儿童人生观、价值观的任务，影片避免简单地将弘扬正确的人生观、价值观和爱国主义精神作为目的，从而造成了教育代替了娱乐，刻板代替了幻想。

2. 儿童视角

孩子是一个家庭的核心，也是纯真与希望的象征。当代韩国家庭伦理片常常以儿童为主，通过他们的眼睛去看成人世界的世情百态。比如《拉面人生》表现了孩子在走向生命尽头时对爱的渴求。9岁的仁权找到了素未谋面的父亲李大奎，要求他和自己一起步行穿越全国，去实现一个愿望。玩世不恭的大奎面对这个当年一夜情后的私生子束手无策。为尽快摆脱这个包袱，他极不情愿地与仁权踏上了旅途。原来仁权的母亲早已去世，而他自己也患有癌症，只剩下两个月的生命。小小孩子对自己的病情一清二楚，默默忍受着病痛的折磨，每天偷偷吃止痛片度日。他真正的心愿是想借这次旅行让爸爸长久地陪伴在自己身边。虽然面对死亡仁权显示出了超越其年龄的成熟与坚强，但他毕竟只是个柔弱无助的孩子，需要亲情和家庭的温暖。物欲横流的社会让成人变得冷漠世故，但通过儿童的视角，观众看到了人世间的美好。不难看出《拉面人生》表面上是讲述一对父子的亲情，实际上影射了当今韩国的社会问题。父亲既没有对儿子负责也没有对社会负责，只是追求个人的享受，这是一种社会现象。通过儿童的视角，以"情"为主要情节贯穿于故事之中，是儿童电影创作的前提。事实上，"寓教于乐"的"乐"指的绝不仅仅是嘻嘻哈哈和欢呼雀跃，它还包括感动和美的享受。而让孩子了解社会、了解人生、了解人情应该是儿童电影承担的任务。中国的儿童电影要想走出国门，与全世界的孩子产生共鸣，一定要寻求一些人类共通的情感和价值观作为写作的主要素材，从而规避东西方文化的差异。

3. 表现手法的差异

少年儿童的年龄特征，决定了他们对电影作品的特殊审美倾向，那就是要好看，要有吸引力。向往欢乐是少年儿童的天性，在为他们创作的电影作品中，必须提供欢乐的场景和情节，欢乐的内核就是情趣。情趣不是油腔滑调，更不是低级趣味，而是令他们感到兴味，感到新奇，能引起他们共鸣的东西。一些儿童电影很注重捕捉儿童情趣，比如美国儿童电影《小鬼当家》系列，写孩子独自在家突然遇到了坏蛋，怎么办？他们总是根据自己的理解能力采取独特的行动，用玩具或家用电器设备等作为武器来对付坏蛋，引出强烈的戏剧效果，令观众欢乐。

儿童电影作品要写得有情趣，首先要考虑到表现他们内心的情感，这种情感只能透过他们对生活的感受而发，这种感受又只能产生于他们独特的理解能力。少年儿童来到这个世界上的时间不长，很多事情、很多道理对于他们来说都是很陌生的，以新奇制胜是儿童电影作品意象美的一大特色，这是产生儿童情趣的基础。儿童情趣在儿童电影作品中实际上就是出自孩子们的发问和想法、委屈和苦恼、愿望和理想、动作和行为，或稚气、或神秘、或出人意料，让人发出会心的笑，从而产生快感。

其次，是用想象去发现生活中的趣味性。文艺作品中的人物形象是借助联想和想象塑造出来的。儿童电影的联想、想象及构思，也必须根据儿童的心理特点来展开。好奇与想象是孩子们的最大特征，为孩子们创作的成人作家应该具备永葆童心的本领。只有理解孩子，把握了孩子的个性特征，作品创造的想象才是大胆的，才是有的放矢的，才是美丽的，才是快乐的。儿童电影作品的想象应该与神奇、惊险相结合，才是产生快乐的最好表现手法。少年儿童的心理情感和不成熟的社会经历本身就孕育着不协调的"矛盾"，这种"矛盾"就是儿童情趣的雏形。儿童的"自我中心思维"又导致了儿童思想逻辑上的非逻辑性，其最主要特征是不同现象或不同事物的"任意结合"，这种"任意结合"可以创造出新的意象，只要儿童电影作家抓住了儿童意识结构中的这种"荒诞性"，创作出神奇的故事，就能赢得小观众的欢心。美国儿童电影《哈利·波特》系列之所以受到小观众的喜爱，是因为想象产生了乐趣，比如飞天扫帚、隐形衣、送信的猫头鹰、伸缩自如的公共汽车、不断变化的楼梯等。

对儿童情趣的捕捉，国内儿童电影是欠缺的，在电影的表现手法上稍显单一。儿童电影作品一般是由成人作家创作的。成人作家对现实生活的感知，必须转化为小观众的感知。所以，一方面要求作家尽量去反映他们熟知的人和事，另一方面还要求作家去考虑他们的求知欲、好奇心，去重视他们不熟悉的生活及没有经历过的事情。儿童电影作家必须用自己丰富的生活经验和思想情感，调动高超的艺术手段，创造出富有魅力的艺术形象，来欢愉儿童们的心智。

第三节　幼儿其他美术形式探索

【学习目标】

1. 童话剧表演的积极意义。
2. 幼儿园表演的舞台服装。
3. 学前教育教学的探索与制作。

【关键词】

童话剧舞台　美术舞台　设计制作

一、童话剧促进幼儿表现力发展

注重开发受教育者的潜能，培养全面发展的新时期人才，已成为我国国民素质发展的主要需求。符合当今社会发展需求，随着社会的发展和教育改革的不断深入，我们的教育也正由单一地强调知识技能的获得向关注人的综合素质的培养提高转变。我国传统文化和教育中那种鄙视"表现"，认为"表现"就是炫耀自己的思想已不适应时代的发展。学好文化知识固然重要，但是缺乏表达、表现自己的能力，对自身在今后社会中的发展有极大的影响。我们必须重新审视自己的观念和行为，重视对孩子的综合素质培养，帮助孩子成为有足够能力、足够勇气和乐观自信的人，使他们昂首阔步地走向社会，去克服人生道路上的种种艰难险阻，成为现代社会需要的综合型人才。满足个体成长发展需求，让幼儿从中体验到成功、快乐，在获得自信、优越感的同时发展幼儿的表现力，确定自身内在的本质和价值，从而满足幼儿的高层次需要，促进幼儿综合素质的发展，满足幼儿园的建设发展需求。

二、童话剧提升幼儿园内涵

童话剧是儿童文学的一种体裁，通过丰富的想象、幻想和夸张来编写适合儿童欣赏的戏剧作品。在幼儿园教育活动中，它是一种综合艺术的表现形式，涉及文学、音乐、美术等多个领域。幼儿根据文艺作品中的情节、内容和角色，通过语言、表情和动作进行表演，创造性地再现文学作品中的人物形象。

表现力是个体展示自我、发展自我、增强自我的一种能力。追求自我、追求表现是人的一种天性或本能，表现力是这种本能倾向在个体后天的社会化过程中的发展，它是体现个人实现和展示自身价值的积极意念，是能够让自身实力充分展现的能力（图4-3-1）。幼儿表现力是指幼儿在他人面前充分展现自我的能力。多从具体的动作表现（绘画和手工、唱歌、舞蹈、表演、运动、创造性游戏等）和抽象的语言符号表现（回答问题、讨论、讲述、朗诵等）活动中得到发展（图4-3-2、图4-3-3）。

图4-3-1

图4-3-2

图4-3-3

近年来哲学、社会学界逐渐达成了对"发展"的共识，发展是一个被唤醒的过程，它不是被动的，而是经由外部力量推动之后主动进行、发生改变的一个过程。借鉴这一观点，我们认为，儿童发展是在外部因素，特别是在成人的教育指导下而发生的儿童主动变化、主动成长的一个过程。以童话剧为载体，通过剧本的创作、背景音乐的选择、舞美的设计、角色的分配、对白和动作的表现等多种活动途径，引导幼儿在看、听、说、演等多通道参与中得到自我表现的机会，满足自我表现的需要，促进表现力的发展和提高，并让他们从中得到想象力、创造力、审美力、口语表达、社会交往、集体意识、团队观念、品德养成等多方面的发展，促进良好人格的形成，提高未来的国民整体素质。

在实施过程中，可以通过阅读相关书籍、观摩经典童话剧音像资料、收集经典音乐、舞美图片等活动，形成"参考资料资源库"，便于教师学习优秀的教育理念，参考前人的经验和做法，提高自身课题研究的科学性和有效性。将教育实践与教育科学研究相结合，制定计划、实践操作、观察效果、反思改进，根据教育实践的动态流程不断充实或修正方案，系统地、科学地进行研究。幼儿自我表现意识的强弱、对外界（成人和同伴）反应的接受程度、对自我表现行为的评价正确与否、对新的表现行为的方向定位等，都直接影响着幼儿表现力的发展。结合这些影响因素，在研究过程中我们大量收集、归纳了幼儿在童话剧活动中一些典型的行为特征和表现，根据幼儿的年龄特点和个体发展水平现状，分年龄层次整合形成童话剧中促进幼儿表现力发展的培养目标体系。

三、童话剧中促进幼儿表现力发展的实践活动模式研究

幼儿发展是需要外部推力作用的，幼儿的能力是在不断的实践过程中逐渐发展起来的。童话剧研究不同于传统的童话剧表演，缺乏生活体验的排练只会造成没有内心感受的机械表演。表演不是最终目的，只是载体和手段，是在表演的过程中让幼儿更好地获得相关的知识经验，学习相关的表现技能，促进幼儿表现力的发展。教师应在探索、研究中，开拓、创新多种童话剧实践活动模式，让幼儿在这些形式多样、特色各异的实践活动中得到表现力的发展。

1. 在自我调整中创造表现

在家庭表演中，部分孩子想法很多，甚至舞台经验比一些大人还丰富。因此，在童话剧的课堂教学中，多以小组合作的方式开展，要求大家商量角色、熟悉剧本、上台表演。

2. 适宜的指导行为促进幼儿表现力发展

教师的言行举止和角色形象都是幼儿模仿与学习的榜样，而教师的教育行为正是自身内在教育观念的外在表现。在推动和促进幼儿向前发展的同时，不要忘记对教师正确教育观念和适宜教育行为的养成。

童话剧活动这一外在载体，为孩子们插上了在高空翱翔的翅膀，努力去探寻他们的内心世界和发展需求，指引他们认识自身、表现自我，带领着孩子们在自我探索中描绘自我想象的图景。其中，有挫折、有困惑、有彷徨、有反思、有成功、有收获。

【知识拓展】

在使用服装制作过程中使用综合材料：用彩珠连缀制作演出服饰（图4-3-4、图4-3-5）；用CD碟、皱纹纸、塑料袋、即时贴等设计舞台背景（图4-3-6、图4-3-7）。

图 4-3-4

图 4-3-5

图4-3-6

图4-3-7

参 考 文 献

［1］张晓嘉.美术.3版.北京：高等教育出版社，2019.

［2］曹恺.纪录与实验：DV影像前史.北京：中国人民大学出版社，2005.

［3］陈玲.新媒体艺术史纲.北京：清华大学出版社，2007.

［4］朱其.VIDEO：20世纪后期的新媒介艺术.北京：中国人民大学出版社，2005.

［5］许鹏，等.新媒体艺术论.北京：高等教育出版社，2006.

［6］张金梅.幼儿园戏剧综合课程研究.南京：江苏教育出版社，2005.

［7］贺万里.中国当代装置艺术史.上海：上海书画出版社，2008.

［8］中国美术史教研室编著.中外美术史.北京：中国青年出版社，2002.

［9］李新生.美术鉴赏论.郑州：河南美术出版社，2007.

［10］马松翠.手工.2版.北京：高等教育出版社，2019.

［11］沈建洲.幼儿园实用手工.上海：复旦大学出版社，2012.

［12］钱风根，于晓红.外国现代设计史.重庆：西南大学出版社，2007.

［13］田自秉.外国工艺美术史.上海：东方出版中心，2005.

［14］薛永年.中国绘画的历史与审美鉴赏.北京：中国人民大学出版社，2000.

编 写 说 明

　　高职高专学前教育专业教材由庞丽娟教授担任指导委员会主任，中国学前教育研究会教师发展专委会规划，高职高专学前教育专业教材编写委员会组织研究编写。

　　第一版教材从2010年开始编写，历时5年，于2014年全部出版。包括三年制高专、五年制高专和三年制中专三大系列。全国30多所幼儿师范高专和幼儿师范学校的300多名教师参加，30多位本科院校和科研院所专家担任主审。

　　第二版教材编写主要是贯彻教育部《3—6岁儿童学习与发展指南》《幼儿园教师专业标准（试行）》《教师教育课程标准（试行）》《幼儿园职前教师教育课程目标和课程设置》《中小学和幼儿园教师资格考试标准（试行）》和《普通高等学校师范类专业认证实施办法（暂行）》等文件精神，吸纳学前教师教育学科的新成果，改革课程设置、调整教学内容，进一步提高教材的科学性、时代性和丰富性，以适应学前教师教育发展的迫切需要。本轮编写（修订）从2016年开始，主要针对三年制高专、五年制高专两大系列，全国40多所幼师高专和幼师学校的300多位教师参加，26所本科院校和科研院所的专家学者担任主审。编写委员会彭世华、李家黎、俞韬文参与了前期策划、总体规划和编写组织工作，湖南省学前教育学会提供了相关支持。

　　为确保教材的编写（修订）的质量，全体编者严格按照"研制人才培养方案→确定册本→研制大纲→确定体例和样章→讨论初稿→统稿→审稿"的程序，完善了五年制高专和三年制高专学前教育专业通识课程、教育类课程的课程设置，确定了各课程的知识点，对综合素质课、教育类课程、艺术类课程的学时进行了科学安排。

　　第二版全国高职高专学前教育专业教材包括：三年制高专系列共32种39册（综合素质课4种6册、艺术类12种14册、教育类16种19册），五年制高专系列共40种58册（综合素质课12种23册、艺术类12种16册、教育类16种19册）。

　　高等教育出版社出版文化课和公共课教材，包括：五年制高专《数学（上、中、下）》《历史》《地理》《物理》《化学》《生物》《体育》；三年制高专《美术基础》；五年制高专和三年制高专共用《信息技术》《幼儿教师口语》《美术》《幼儿美术赏析与创作》。

　　语文出版社出版语文课教材，包括：五年制高专《语文（一、二、三、四）》；五年制高专和三年制高专共用《大学语文（上、下）》《幼儿文学（上、下）》。

　　北京师范大学出版社出版教育类教材，包括：五年制高专和三年制高专共用《学前儿童卫生保健》《学前儿童心理发展概论》《幼儿教育概论》《幼儿教师职业道德修养与专业发展》《幼儿园课程》《幼儿游戏与玩具》《幼儿健康教育与活动指导》《幼儿语言教育与活动指导》《幼儿社会教育与活动指导》《幼儿科学教育与活动指导（上、下）》《幼儿艺术教育与活动指导（上、下）》《幼儿园班级管理》《学前教育研究基础》《幼儿园教育技术》。

　　上海音乐学院出版社出版音乐舞蹈类教材，包括：五年制高专《钢琴（一、二、三）》《声乐（上、下）》《舞蹈》；三年制高专《钢琴基础（上、下）》《声乐基层》《舞蹈基础》；五年制高专和三年制高专共用《基本乐理》《视唱练耳（上、下）》《音乐赏析》《幼儿歌曲赏析与创编》《儿童歌曲钢琴即兴伴奏》《幼儿歌曲弹唱》《幼儿舞蹈赏析与创编》。

　　编委会将认真开展教学研究，不断征求教材使用意见，定期开展教材修订。为服务教师教学与学生学习，编委会组织研发《学前教师教育课程试题库》《幼儿园教师资格证考试复习试题库》和在线课程，详见"幼学汇"网站（www.06yxh.com）学前教师教育栏目。

高职高专学前教育专业教材编写委员会

2020年1月

教师使用教材意见及教学服务说明

高等教育出版社以"铸传世精品、育天下英才"为目标。为不断锤炼精品，我们期待您对教材的宝贵意见和建议。

一、您的基本情况

您现正使用的教材：＿＿＿＿＿＿＿＿＿＿＿＿＿＿／＿＿＿＿＿（书名/作者）

姓名：＿＿＿＿，学校和院系：＿＿＿＿＿＿＿＿＿＿＿＿＿＿

职称：＿＿＿＿，授课年限：＿＿年，班级：＿＿个，学生数：＿＿人

您的电话（手机）：＿＿＿＿＿＿＿＿＿＿＿　E-mail：＿＿＿＿＿＿＿

二、教材问题反馈（电子版见二维码）

1. 教材中是否有格式、文字、科学等方面的错误？（□是/□否＿＿＿＿＿＿）
2. 教材的编排设计是否科学合理？（□是/□否＿＿＿＿＿＿＿＿＿）
3. 教材的内容与课程的理念及要求是否相符合？（□是/□否＿＿＿＿＿＿）
4. 教材内容是否体现产教融合，贴近最新的应用实际？（□是/□否＿＿＿＿）
5. 教材配套的教学和学习资源制作水平和质量如何？是否够用？
   （□是/□否＿＿＿＿＿）
6. 教材的表达方式和呈现方式等是否有不合适的地方？（□是/□否＿＿＿＿）
7. 您在使用教材时遇到的最大问题是什么？您是怎样解决的？
8. 与同类教材相比，您有何建议与意见？您觉得在哪些方面还可以有所创新？

三、教学服务说明

为服务学校教学，出版社将向使用本教材的教师提供教学课件等数字资源。

教学课件联系 songchen@hep.com.cn，教材问题联系 zhangqb@hep.com.cn

专业教师QQ群　　　教材问题反馈